墨香满楼 —— 编著

影响
中国古代历史的

改革家

中国铁道出版社有限公司
CHINA RAILWAY PUBLISHING HOUSE CO., LTD.

图书在版编目（CIP）数据

影响中国古代历史的改革家 / 墨香满楼编著.
北京 ： 中国铁道出版社有限公司，2025. 7. -- ISBN
978-7-113-32332-5

Ⅰ．K827＝2

中国国家版本馆 CIP 数据核字第 20251SM546 号

书　　名：**影响中国古代历史的改革家**
　　　　　YINGXIANG ZHONGGUO GUDAI LISHI DE GAIGEJIA
作　　者：墨香满楼

责任编辑：冯彩茹　　　　电　　话：(010) 518730005
封面设计：郭瑾萱
责任校对：苗　丹
责任印制：赵星辰

出版发行：中国铁道出版社有限公司（100054，北京市西城区右安门西街 8 号）
网　　址：https://www.tdpress.com
印　　刷：河北宝昌佳彩印刷有限公司
版　　次：2025 年 7 月第 1 版　2025 年 7 月第 1 次印刷
开　　本：710 mm×1 000 mm　1/16　印张：15　字数：209 千
书　　号：ISBN 978-7-113-32332-5
定　　价：88.00 元

前言

在人类历史上,有这样一群人——在国家遇到重大危机的时候,他们挺身而出,力挽狂澜,誓救万民于水火;在民族面临困境的时候,他们奋勇当先,扭转乾坤,欲开万世之太平。

他们有一个光荣的身份,那就是——改革家。

所谓改革家,就是指对国家和社会进行革新和改良的人。不过,这样一个看上去正当而又光荣的身份,却面临着常人难以想象的困难——他们不仅要承受旧利益集团的仇视与报复,还要面临被改革受益阶层背叛的风险。

无论是吴起、商鞅,还是范仲淹、光绪帝,都是因为其改革计划触犯了旧利益集团的利益,而惨遭仇视、打压,甚至杀害。

而在王莽、王安石的改革计划中,上至朝廷,下至农民,都应是改革的受益者,然而,改革实施后,他们未能获得预想中的收益,就连其他阶层也被牵连而损失惨重,所以他们纷纷背弃改革,由改革的支持者变成了反对者、讨伐者。

改革家作为洞悉世事的智者,主动肩负起拯救国家的重任。但他们的智慧,绝不仅仅在于改革的设计、推行和憧憬改革的成功与未来的美好,对于改革存在的巨大风险,他们也是心知肚明的。

如果改革失败,轻则新法被废,自己被贬;重则身死国灭,家破人亡。吴起和王安石就是最好的例子。

而即使改革成功,也并非都是皆大欢喜,即使国家在改革中受益,改革的效果可能也是短暂的,而利益受损的旧利益集团的余威也可能让改革家下场悲凉。杨炎、张居正就是这样的典型。

然而,即便如此,历代的改革家们也不曾退缩,因为在他们心中,个人的成败得失事小，国家的强弱兴衰事大！

他们就是这样的一群勇士！

他们就像智勇双全的"司机"，在国家这辆快车即将坠入悬崖时，他们猛地一个转弯，使整车乘客转危为安；

他们就像救死扶伤的医生，在国家病入膏肓时，冒着生命危险为国家吸吮毒疮……

他们凭借一己之力，改变着历史车轮的走向。甚至倾尽一生，只为每一个普通民众的梦想。

作　者

目录

管仲

大器晚成，开齐国四十年盛世

管仲，姬姓，管氏，名夷吾，字仲。春秋时期齐国宰相，是周穆王的后代。因祖先被分封于管邑，故为管氏。

管仲最被后人称道的莫过于他的改革。在作为宰相治理齐国的四十多年里，他在农业、商业、行政、军事、外交等领域进行了一系列成功的改革，使齐国人民富足、国力强大，成为"春秋五霸"之首。

所谓失败

声名显赫的管仲，其人生其实可以分为截然相反的两部分。如世人所说，他前半生穷困潦倒，一败再败；后半生则悄然发迹，强势崛起。但是我们知道，人的一生是一个整体，后半生的发展一定是建立在前半生的基础之上的。正如一个国家现状如何，一定是建立在其历史之上的。

那么，我们就先来回顾一下管仲"悲剧"的前半生。

公元前 719 年，管仲出生在颍上的一个贵族家庭。父亲是齐国的大夫（介于卿和士之间的一种官职），有封地，可世袭，所以用现在的话说，管仲是个"官二代"。

然而管仲父亲早逝，家族逐渐衰落，管仲只能和母亲相依为命。到了他十六岁学业完成时，家里的积蓄也都花完了。此时恰逢旱灾，颗粒无收，盗匪四起。管仲和母亲的生活陷入了困境。

为了生存，管仲决定和好友鲍叔牙合伙经商。最初几年，生意还算不错，并且由于家贫，在分钱时管仲常常多拿一点，鲍叔牙也不予计较。不过后来生意越来越难做，两人就放弃了。

放弃经商后，管仲去参军。然而管仲只上过三次战场，最后都以战败逃跑告终。

离开军队，管仲便尝试做官。然而管仲自恃聪明，直言不讳，经常指责君主，不留情面。所以前后三次做官，均遭驱逐。

此外，管仲曾经几次帮鲍叔牙办事，但每次都使鲍叔牙更加困窘。

诚然,管仲的前半生确实一无所成。在很多人看来,他贪财、怯懦、无能又狂妄。但是,如果就这样简单地定论,那也未免过于武断。

首先,管仲本人和他的好友鲍叔牙显然并不这么认为,据《史记》记载,管仲后来回忆鲍叔牙的时候曾感慨地说:"经商时我多分钱,鲍叔牙不认为我贪婪,而是知道我家贫;上战场当逃兵,鲍叔牙也知道我不是怕死,而是惦记母亲;后来做官被逐,鲍叔牙知道不是我没有才能,而只是不逢天时;帮助鲍叔牙办事而使他更穷困,他也知道不是我愚蠢,而是时机不对……生养我的是父母,而真正了解我的是鲍叔牙啊。"

由此可知,管仲对于世俗的偏见并不以为然,甚至感到委屈,而鲍叔牙却能真正地理解他,所以他非常感激。

其次,换个角度说,事业的成与败,原因大概有两方面:一是主观原因,包括经验、心智等方面是否丰富和老练;二是客观原因,是天时、地利、人和等因素的影响。

对管仲来说,早年的失败,主观因素肯定是有的,但客观因素同样重要,正如他和鲍叔牙所认为的那样。

所以,管仲早年的失败,应辩证地去看问题,不可只看局部,忽视全貌。

那么,既然管仲的前半生并非一无是处,那么它的意义是什么呢?除了可以磨炼意志、成熟心智之外,管仲从他的早期经历中还收获了什么呢?对于种种不利因素,管仲又是如何对待的呢?

揭晓谜底之前,我们先来看这样几个事实。

其一,管仲早年是个失败的商人,后来却主持全国经济改革,成绩斐然,成为一代经济学家。

其二,管仲早年是个逃兵,后来却在全国实施军事改革,卓有成效,成为一代军事家。

其三,管仲早年是个让人讨厌的狂人,后来却成为齐国宰相,辅佐齐桓公治国四十余年,成就一代霸业。

其四,管仲早年是不值得相信的,后来却连受朋友举荐官拜宰相,他与鲍叔牙的友情,更成为一段佳话,被后人称颂。

那么这一切究竟是怎么回事呢?

所谓奋斗

交友

原来,在管仲四十岁的时候,齐国迎来了它的新一代君主——齐桓公。桓公素怀大志,有称霸诸侯之雄心,他求贤若渴,便想拜自己的老师鲍叔牙为宰相。然而,鲍叔牙认为自己难堪大任,谏言桓公若想称霸诸侯,其宰相一职非管仲莫属。在恩师的推荐下,桓公同意了。

由此可见,正确交友是多么重要。人生在世,得一知己足矣。显然,鲍叔牙是管仲早年积累的第一大财富。

处事

官拜齐国宰相的管仲,终于有了施展的舞台。前面说过,他三次做官,只不过最终都被驱逐而已。那么这一次呢?

我们先来了解管仲。据司马迁《史记·管晏列传》记载,管仲对鲍叔牙说:"知我不羞小节而耻功名不显于天下也。"可见管仲素有功名之心,志在成就一番大业。

再讲齐桓公。据冯梦龙《东周列国志》记载,桓公向管仲问政时曾说:"兵势既强,可以征天下诸侯乎?"可见桓公在执政初期便有征服天下诸侯的野心。

如此看来,这一次君臣双方是志同的,那么是否道合呢? 如果说早年做官时自恃聪明,总是急于发表观点而指责君主,是不成熟的话,那么这一次管仲显然更具智慧了。桓公最初向管仲问政,为管仲的治国理论——他半生智慧的结晶——所折服,顿时信心大增,好像称霸只在朝夕了。然而在管仲看来,治国不是一两天的事,而是一个循序渐进的过程,三五个月之内都不一定见成效。

果然,四个月过去,国家似乎变化不大,彼时年轻热血的桓公就失去了耐心,不再信任管仲,而是追求快速称霸,只专注发展军事而不问内政。

也许放在以前,管仲会不屈不挠地反对君主的荒谬,但这次管仲没有这样做,他知道在没有碰壁之前,年轻人的固执是不会放弃的,此时若是一味阻拦,只会惹人厌烦甚至恼怒,很可能就会像前三次一样被扫地出门。所以,管仲选择了静观其变。桓公在那边疯狂发展军备,管仲在这头专心发展经济。

果然桓公打了几次败仗之后，灰心丧气。这时管仲的经济措施已有成效，他把近来的经济状况一上报，桓公立马就信服了。从此对管仲言从计听，还拜管仲为"仲父"。

因此，我们可以认为，早年为官失败的经历使管仲懂得了如何与国君相处。这是管仲早年获得的又一大财富。

士、农、工、商的全面改革

获得君主牢固的信任之后，管仲便可以大展拳脚，实践自己的治国理念。

管仲认为，"政之兴，在顺民心；政之所废，在逆民心"。就是说，国家兴旺，在于顺应民心；国家衰败，在于背离民心。可见管仲明白人民才是国家的根本。于是，管仲治国首先就要满足人民的基本需求，具体来说就是发展经济。主要是在行政、农业、商业三大方面。我们一起来看一下：

第一，行政方面：士、农、工、商，四民分业。就是说，管仲把人民分成军士、农民、工匠、商人四种基本类型，并让这四种人民按各自专业聚居在固定的地方。

这样的好处有，同行业者聚居在一起，易于交流经验，提高技艺，同时，有利于促进产品生产与流通，此外，其不仅利于营造专业氛围，使人民安居乐业，还能营造良好的社会教育环境，使子弟从小就耳濡目染，在父兄的影响下自然掌握专业技能。

第二，农业方面：相地而衰征。这包括两方面：一是均分地力，即把原来的徭役公田分配给农民，收获的粮食归农民自己所有，这便激发了农民的生产积极性；二是与之分货，即按照土地产量收取实物地租（即粮食），收成好的土地税收高一点，收成差的土地税收低一点，这样便保证了公平性。

第三，商业方面：管仲不仅重视农业，也重视商业；不仅注重命脉产业官营，也鼓励从事其他产业人民的自由创业，并且降低关税，鼓励贸易。

比如，管仲施行"盐铁专卖"制度，即国家垄断盐和铁的经营权，这样便保证了国家的财政收入；又如"关市讥而不征"，指对往来贸易的商人，只检查是否带有违禁物品，而不征关税，这便极大促进了贸易的发展。

在这些经济政策的作用下，齐国不仅制造业遥遥领先于各个诸侯国，并且农业丰收，商业繁荣。然而，我们既然把这些制度的实施称作改革，那么必然是与此前的制度不同。

有哪些不同呢？

首先看行政方面，既然四民分业才可以有上述诸多好处，那么旧制肯定没有把社会成员按职业划分管理，以致技术人员技艺不精，甚至朝三暮四。

其次看农业方面，管仲改革之前中原的农业制度是井田制，即大家须先耕种公田，才能打理私田，而且禁止土地买卖，所以农民的生产积极性不高，导致公田荒废，井田制的税收作用也一并消失。

最后看商业方面，既然"盐铁专卖"和鼓励商业贸易、降低关税，可以既保证政府收入又能繁荣市场，那么改革之前想必是官营理念模糊、商业关税苛重，导致国弱民穷，市场凋敝。

那么，管仲又为什么能施行这些改革呢？

管仲早期经历让人不禁再次莞尔。管仲独自谋生前，恰逢天灾，粮食无收，人民挨饿，盗贼四起，试想如果平时大家生产积极性高，粮食丰产，尤其是税收合理，也不至于如此吧。

管仲经商，早期赚钱，后期失败，为什么呢？与其说是因为行业不景气等因素，我更愿意相信当时不合理的商业制度是一大因素，比如课税太高、官府压榨等。

管仲参军，依然失败；又去做官，更是惨败。这是朝三暮四啊，是否因此管仲才发现四民分业、各负其责有利于专业精进呢？

由此看来，管仲早期的各种失败不仅磨炼了他的意志，也让他看到了社会制度的各种不合理之处。更可贵的是，对于社会制度的不合理，管仲没有一味抱怨，而是细细思考，以图改变。改失当为合理，变缺陷为先进，不仅功在当代，而且利在千秋。管仲在上述三方面的改革不仅使齐国富足，还深刻影响了后世的经济政策，按职业划分人口的方法更比西方先进了一千年。

除了行政和经济方面,管仲在军事上的改革也很成功。大致可以概括为"作内政而寄军令"。

管仲把齐国分成二十一个乡,其中六个工商之乡、十五个军士之乡,前者为财政收入,后者即是为了军事。

这十五个军士之乡再按总人数分成三军,分别由国君和两个世袭上卿指挥。十五乡、三军士兵连同家属全部聚居在一起,祭祀的时候一同祈福,死丧的时候相互安抚,人与人和睦友善,主妇一同做饭,少年一同玩耍。夜晚打仗,大家因为相熟,听声音就能辨别彼此,可以避免混战;白天打仗,就更不会有人离散。这样可让彼此的感情达到同生共死的地步;起居饮食在一起,喜怒哀乐都一样,进攻的时候奋勇杀敌,退守的时候固若金汤。

在这样的军事制度下,齐军日益强大,为齐国日后的称霸奠定了坚实的基础。

然而,这些并不是管仲随随便便就想出来的。我们不要忘记,管仲也参过军,还是逃兵,一连三次。为什么呢? 因为管仲惦记家中的母亲。那时管仲所在的军队一定不像管仲军事改革之后的样子,否则几万士兵及其家属情同手足,怎么会让士兵如此担心家人而不敢打仗?

所以,不光是经济制度,想必管仲早年就发现了当时军事制度的弊病,再经过一番思考,才有了后来的改革思路。

所谓成功

通过这些事例,我们可以看到,管仲的早年虽然毫无"成绩",但他交对了朋友,磨炼了心智,还亲身体会了当时社会的种种不合理制度,这是多么宝贵的财富。

如果他没有结识鲍叔牙,怎么能当宰相? 心智不成熟,宰相能当好吗? 不亲身体验民间疾苦,怎么能切中旧制度的要害?

所以说,管仲的早年不仅不失败,反而有巨大的收获,后半生的辉煌和前半生的遭际有着紧密而巨大的联系。

国家不也是这样吗? 齐国在桓公上位之前,君王昏庸,社会凋敝,但是却孕育了霸业之主齐桓公、千古名相管夷吾。有了前期的蓄势，才有了后面的爆发。

由此我们可以看到，不管是国家还是个人，在风光无限之前，必先经历长期甚至痛苦的积蓄和磨炼；而还处在积蓄和打磨阶段的同志们，一定要相信，积累了足够的无形财富之后，才能最终换取有形的收获，此前积蓄得越坚实，后来回报得越丰厚。

管仲就是这样，在实掌齐国大权之前，他经历了长达四十年的艰苦积蓄，所以登上高位之后，事业的巅峰同样长久。除前面说过的行政、经济、军事等方面的改革之外，在法律方面，管仲倡导以法治国，是我国法家学派的先驱；在外交方面，管仲"亲邻国，信诸侯""尊周王，攘外夷"，使齐国九合诸侯，一匡天下；在著作方面，管仲有思想巨作《管子》传世，为后人留下了宝贵的文化遗产；在理想实现方面，管仲不仅实现了自己的"功名"，也实现了桓公称霸的梦想。

此外，管仲与鲍叔牙的友情也被传为一段佳话，他们是一对真正的知己，他们是两个真正的智者，他们也全都深明大义——管仲呕心沥血辅佐桓公四十余年后，终于病危，临终前，桓公问管仲鲍叔牙能否继任宰相，管仲深知鲍叔牙的个性，知道他并不适合为相。从国家的前途考虑，管仲最终没有推荐鲍叔牙，如同当年深知管仲才华的鲍叔牙以大局为重而让位于管仲。

公元前 645 年，管仲因病去世，享年八十岁，谥号"敬仲"，被后世誉为"圣人之师""中华第一名相"。

世袭制的掘墓人

李悝

李悝，读作"李 kuī"，河南濮阳人，法家代表人物。在担任国相辅佐魏文侯的数十年里，主持一系列变法，富民强国，帮助魏国一跃成为"战国七雄"之首。

史书上关于李悝的生平记载很少，只知道他早年在魏国与秦国接壤的边境上做官。由于他是魏文侯的老师——子夏的学生，又有独到的变法思想，遇到礼贤下士、求贤若渴的魏文侯，被任命为国相。

落伍的旧制度：世袭制与井田制

李悝一生最重要的两大变法，是废除当时已然落伍的世卿世禄制度以及与之配套的井田制。我们结合历史背景，先来看一下改革之前的基本状况。

中原地区自商周以来一直实行封建制度，就是天子把天下分封给各大诸侯，各诸侯在自己的封地有高度的自治权，每个诸侯都是国中之国，由贵族阶层统治，贵族被天子授予爵位，可以世袭。到了春秋时期，这种制度具体表现为世卿世禄制度，卿是彼时国家高级官吏的称谓，由贵族担任，世卿即该官位采取世袭制，父死子继，世代相传；而禄是作为卿的贵族的"薪水"，包括其家族的封地及封地的赋税收入，同样世代相传。所以世卿世禄制度简单说，就是官位及其特权、利益的世袭制度。

而与这种政治制度配套的经济制度是井田制。所谓井田制，即国家把土地以九百亩为一个计算单位，平均分成九块，如同"井"字，中间为公田，其余为私田。公田和私田皆为国有，禁止私人买卖。人民占用私田，共养公田，劳作之时，须先一同耕种公田，才能各自打理私田。农户可占有其私田的全部收入，而世袭的贵族们占有公田的全部收入，并抽取一部分向王室纳贡。

然而到了春秋末期，情况就不同了。

当时，随着冶铁业的发展，铁制农具和铁制兵器一样得到广泛采用,再加上牛耕这种耕种方式的兴起,中原的农业发展进步迅速,生产效率显著提高。

人的私欲是会不断膨胀的,封建贵族们当然亦是如此,他们为了获得更多财富,便私自驱使农户开垦未被利用的大片荒地,作为自己的"私田"。

如果农户为贵族耕种私田,依然像以前耕种公田那样没有回报的话,农户当然不会情愿,于是贵族们为了激发农户的劳动热情,便给农户以更多的回报。这样,实际上就是农户在为贵族打工,而贵族成了地主。

因为当时贵族的私田是不被国家允许的,是私下进行的,所以也不用缴税;而另一边,由于农户都被吸引至贵族的私田,原先的公田逐渐荒废,国家收入就减少了。由此可见,僵化的井田制已经不能满足上至国家下至人民的需求了。

而世卿世禄制度,它的弊端更加显而易见,贵族世袭导致大量无能甚至道德败坏的贵族子弟担任国家官职,而真正贤能的人则没有机会施展才华。

在春秋战国诸侯争霸的局面之下,这种情况显然不能满足各诸侯国发展、进步的需求。世卿世禄制度亦亟须更为合理的制度取而代之。

而改革家李悝,正是在这样的时代条件下制定并实施了他的改革方案。

进步的新制度：劳动致富与"尽地力之教"

第一,在政治上,针对落伍的世卿世禄制度,李悝主张"食有劳而禄有功,使有能而赏必行,罚必当"。

意思就是说,吃粮靠劳动,受禄靠立功,任用有能力的人,犒赏一定要兑现,惩罚一定要妥当。

这无疑是李悝向世袭贵族开战的宣言。世袭的贵族们不劳动、不作为,却身居高位、荣华富贵、用人民的血汗自肥。李悝把这种人称作"淫民",主张"夺淫民之禄以来四方之士",就是要废除贵族特权,把原本供养他们的经费用来向社会各界招纳真正有才能的贤人，并授予官职。这样才能廓清吏治，政治清明。

第二，在经济上，针对陈旧的井田制，施行"尽地力而教"和"平籴法"两大政策。

所谓"尽地力之教"，即鼓励老百姓垦荒，充分开发闲置的土地资源，大力发展农业，种植多种作物，废除了井田制时期的土地界线，把土地按照贫瘠标准分配给农民，激发了农民种地的热情。

与"尽地力之教"相配合，李悝还推出了"平籴法"。李悝认为粮价太贵则伤民（"民"指的是士、工、商等城市居民），粮价太贱则伤农，民伤则逃亡，农伤则国贫，而每年的粮食产量是决定粮价的重要因素。

所以"平籴法"规定，将丰年分为大熟、中熟、小熟三个等级，按比例向农民购粮，则粮价不会太贱，农民不会受伤；荒年也分成三级，为大饥、中饥、小饥，遇到大饥之年，就把大熟之年的粮食发放给人民，以此类推。这样遇到荒年，粮价也不会暴涨，人民也就不会挨饿，不会逃亡。

以上两方面就是李悝在政治和经济两大领域进行的制度创新，然而，李悝的改革并不仅限于此，他要做的不仅是廓清吏治、发展经济，而是要全面强大魏国。所以，李悝还进行了一些其他方面的改革。

一是法律方面：李悝为了进一步保证社会稳定、变法顺利，参考各国法典，著成《法经》。

《法经》大部分内容已不可考。可知其内容主要包括六篇，分别为《盗法》《贼法》《囚法》《捕法》《杂律》《具律》。

《盗法》：顾名思义，有关偷盗，无论是偷取私人财物还是贪污国家财产。

《贼法》：有关杀人、伤人。

《囚法》：有关审判、断狱。

《捕法》：有关追捕逃犯。

《杂律》：内容较广，涉及淫乱、迁徙、聚居、赌博、贪腐以及散布反动言论等多个方面。

《具律》：规定了定罪量刑的原则，包括对犯人惩罚的内容、程度，比如刑期等。

《法经》由魏文侯主持公布,成为魏国的法律,有效保护了变法顺利实施。

二是军事方面,李悝发明了"武卒(即士兵)"制度。

其一,"武卒"有严格的选拔标准:

(1)要求武卒身体强健,体能极佳;

(2)要求武卒到达战场后可以立即投入战斗;

(3)要求武卒具备高超的格斗技能。

其二,"武卒"有科学的管理办法。即全面考核士兵各方面素质,优秀者予以奖励,并按照不同士兵的特点,重新编排队伍,使士兵能各展其能,各施其才。

其三,"武卒"有丰厚的待遇保障。国家为入选的武卒的家庭免除徭役和田宅税,获得军功的还有更高的物质回报。

在这样的军事制度下,魏军日益强大,实力冠绝中原。

从历史记载来看,李悝的改革非常成功,在魏文侯和李悝的治理下,魏国成为战国时代第一个称雄中原的国家,魏国国势的强盛贯穿文侯执政之始终,长达五十年之久。

在政治制度上,李悝挑战了已渐没落的贵族世袭制度,加速了中原政治制度的变更和进步;

在经济制度上,李悝废除过时的井田制,重视农业,分田于农,激发农民的生产热情,并且平衡农民与士、工、商四类人群的利益;

在军事上,李悝建立"武卒制",提高了军队的素质和实力;

在法制上,作为法家代表人物的李悝汇集前人经验,制成中国成文法律的开山之作《法经》,惠及其时,恩泽后世。

李悝改革影响重大。与李悝在魏国同朝为过官的吴起后来投奔楚国,在楚国施行变法,打击贵族,改革军制,继承李悝遗风。

著名的商鞅更是师承李悝,把灭世袭、重农业、施厉法的政策发挥到了极致,奠定了此后上千年中国政治、经济体制之风格。

而《法经》作为中国历史上第一部成文法典,同样影响深远,秦、汉两朝在制定法律时都着重参考,此后历代法典也都尊《法经》为宗。

史籍《淮南子·泰族训》记载:"李克竭股肱之力,领理百官,辑穆万民,使其君生无废事,死无遗忧。"就是说,李悝竭力辅佐文侯,统领百官,和睦万民,使国君在世时没有荒废之事,去世时不必带着遗憾和忧虑。足可见李悝事业之成功。

真可谓,得李悝,则文侯无忧。

惊天一逝

现在,我们已经知道了李悝变法的主要内容。然而,有一个问题你是否发现:李悝废除世卿世禄制度,旨在剥夺贵族阶级特权和利益,那么,习惯既得利益的封建贵族们,难道就无动于衷、坐以待毙?

翻阅史料,恐怕很难找到相关的记载,那么我们不妨推测一下。

第一,有可能是李悝和魏文侯能量巨大,强制镇压了贵族们的反抗;

第二,可能是李悝把一部分土地分配给落魄贵族们,让他们成为地主,利益照旧,所以没必要叛乱。

若是前者,那李悝无异于鲧治水,堵而不疏;若是后者,那李悝就相当于大禹治水,疏而功成。

从结果上看,李悝的改革是成功而顺利的,所以对于这个问题的答案,笔者更倾向于后者,抑或两者兼而有之。不过无论如何,可以确定的是李悝最后并没有死于贵族的复仇。

然而,李悝仍然因其变法而死。

原来,亲自制定法律并付诸实行的李悝,本人也是审案的法官。有一天,他如常断案。有一名罪犯供出了自己三年前的罪行。犯人主动招供,本来是好事,但听到罪犯的供述,李悝蓦地愣住了……

他想起了什么……

原来,犯人供出的那桩罪案,李悝三年前就已结案,并且处决了"凶手"。

难道……

是的,李悝杀错人了。

按照李悝自己制定的法律,错杀无辜者将被判处死刑。

李悝无奈,自杀了。

一代改革家就此陨落,死于自己的法令之下,实在令人唏嘘不已。以至于有后人如此评价道:"这正是他最光辉的一面,法令之下,人人平等,虽贵为王侯,亦不可免。他耗费了毕生的心血去推动这个改革,就像是用一生的时间去铸造一把剑,最后,用自己的血和命去祭剑。这样的铸剑师,是伟大的。虽千载之下,亦永垂不朽。"

坚决向旧贵族开战

吴起

吴起,战国初期卫国人,兵家与法家代表人物,以发动"吴起变法"而闻名后世。另有著作《吴子兵法》传世,与《孙子兵法》合称为"孙吴兵法"。

吴起是杀人狂吗

吴起一生先后经历鲁、魏、楚三国,在鲁、魏期间主要以带兵打仗见长,在楚国期间,则以著名的"吴起变法"而闻名。此外,对于吴起的人品,后人也多有争议。

我们先来了解一下有关吴起人品的争议。

后人指责吴起的焦点,主要集中在他屠杀乡邻、母亡不归以及手刃妻子三件事情上。

屠杀乡邻:据《史记》记载,吴起早年四处求官不成,遭到乡邻讥笑,吴起愤而杀之,死者三十有余。事后吴起辞别母亲,逃往他国。

母亡不归:据《史记》记载,吴起离开家乡,重新拜师学艺,其间母亲亡故,但吴起忙于求学,没有回家奔丧。

手刃妻子:据《史记》记载,吴起在鲁国做官时,有一次齐军大军压境,鲁君欲任命吴起为将迎敌,但由于吴起的妻子是齐国人,鲁君犹豫不决。吴起渴望功名,就杀了妻子,以示忠鲁。虽然最终吴起如愿担任主将,并领军战胜齐军,但名声已败,失去了鲁君的信任,被迫离开了鲁国。

因为这三件事,后人常常指责吴起残忍、无情。连太史公司马迁都说吴起"刻暴""少恩"。

然而,包括学者郭沫若在内的很多人指出,这些事只是一些别有用心的人编造出来故意诬蔑吴起,就连司马迁也被蒙蔽了。这又是怎么回事呢?

原来吴起在楚国施行变法严重打击了腐朽的贵族阶级，贵族们当然对吴起怀恨在心。后来支持变法的楚悼王去世，贵族们联合起来把吴起杀害了。所以，有后世学者认为上述三件事是仇恨吴起的落魄贵族们为了败坏吴起的名声，故意散播的谣言。

那么，事实究竟如何呢？

其实，纠结这些事情的真假，并不那么重要。因为，只要吴起在楚国变法失败及被贵族所杀是真实的，那么，这三件事就有可能是谣言或者对事实的歪曲。所以，我们与其纠结吴起的人品，还不如探讨一下变法本身及其失败的原因，这样不仅有利于更好地判别这些传言，还可以从中总结经验教训，为我所用。

打击贵族楚国强

彼时，楚悼王仰慕吴起的才华，便在吴起被小人陷害、被迫离开魏国之后，将其招致麾下。悼王素有强国之雄心，由于当时楚国羸弱，时刻面临周边强国的威胁，所以他任命吴起为令尹（令尹，战国时期楚国的最高官衔，总揽全国军政大权），主持变法，以图强国。

要变法，就要知道旧制之弊端。对于楚国所面临的问题，据《吕氏春秋》记载，吴起对悼王说："荆所有馀者，地也；所不足者，民也。今君王以所不足益所有馀，臣不得而为也。"意思就是说，楚国的土地有余，而人民不足。现在您想用本就不足的百姓作战来增加本就有余的土地，臣是无法办到的；又据《韩非子·和氏》记载，吴起对悼王说："（楚国）大臣太重，封君太众，若此则上逼主而下虐民，此贫国弱兵之道也。"意思就是说，楚国大臣权力过重，分封的贵族数量太多，这些人上负君主，下欺百姓，这就是国家贫弱的原因啊。

由此可见，当时楚国的问题主要是地广人稀、贵族窃国。上一篇我们在探讨李悝变法时曾经讲到，当时阻碍社会进步的一大重要因素就是封建贵族世袭，即世卿世禄制度。吴起变法之前的楚国也不例外。贵族们占据大量国有土地，驱使人民为他们劳动，对上偷税减赋，对下剥削压榨，正所谓"上逼主而下虐民"。那么针对这些现状，吴起制定了哪些改革措施呢？

史籍中关于吴起改革措施的记载比较零散，而近代学者郭沫若对此做了归纳和总结，主要为五大方面。

第一，抑制贵族的权势，充裕民生。既然"大臣太重，封君太众"，那么就削弱他们的权利，减少他们的数量。

《韩非子·和氏》有云："使封君之子孙三世而收爵禄。"意思是，凡封君的贵族，已传三代的取消爵位和俸禄。

旧的世卿世禄制度，规定封君贵族之地位，父死子继，世代相传。吴起改革后，则只传三代，这就削弱了贵族的势力，国家就无须再白白养活数量巨大、不劳而获的"寄生虫"。省下来的钱呢，可以为百姓谋些福利。

第二，节省国库开支，加强国防。

《韩非子·和氏》有云："绝灭百吏之禄秩，损不急之枝官，以奉选练之士。"意思就是，减少官员过高的俸禄，裁减多余的冗官，省下来的钱用以补贴军用，供养士兵。

第三，采取移民的政策，疏散贵族。

《吕氏春秋》有云："於是令贵人往实广虚之地。"就是说，把贵族们发配到边远地区去垦荒。这样既把强大的贵族"分散"，削弱他们的势力，又可以充分利用闲置的土地资源，增加劳动力、发展生产力。

第四，摒除纵横说客，统一舆论。

《史记》有云："破驰说之言从横者。"就是说，限制纵横家言论自由，禁止人民议论国事。这是一种统一思想的办法，后世不断效仿。这样可以减少不同意见的干扰，使上层的命令得以顺利下达和实施。

第五，严肃法令的执行，集权中央。

《史记》又云："明法审令。"就是说，颁布法律来削弱贵族、限制言论自由等，实际上都是为了集权于中央，这样可以排除不必要的干扰，使变法可以顺利实施。

综上所述，可以看出，吴起之改革，核心就是剥夺贵族的特权和利益：把原来供养贵族的支出，用在军事、民生方面；把原来被贵族分散的权力,悉数收归中央;把原来不劳而获的贵族,变成垦荒的劳动者等。这样便可以发展生产、强大军队力量。

此外,据《战国策·秦策三·蔡泽见逐于赵》记载:"吴起事悼王,使私不害公,谗不蔽忠,言不取苟合,行不取苟容,行义不图毁誉,必有伯主强国,不辞祸凶。"就是说,吴起辅佐悼王,不因私心而妨害公事,不用谗言谋害忠良,言语不盲目附和,行为不苟且求存,为国效力不考虑私人名誉,一心辅佐君王,不考虑个人安危。

由此可见,吴起对自己的要求多么严格,不仅没有任何私心,杜绝腐败,而且连从众、求全都不允许,甚至为了辅佐君王,连身家性命都可以不顾。

吴起不仅严格要求自己,还严格要求别人,《战国策·秦策三·蔡泽见逐于赵》有云吴起:"塞私门之请,壹楚国之俗。"就是说,杜绝请客说情的风气,改良楚国的风俗。

吴起在楚国之变法,情况大抵如此。那么效果如何呢?

据史籍记载,变法后的楚国"南平百越;北并陈、蔡,却三晋;西伐秦,诸侯皆患楚之强",就是说,向南平定了诸多小国,向北吞灭了陈国、蔡国,驱逐了韩、赵、魏三大战国,向西则严重威胁了秦国,各大诸侯都害怕强大的楚国。可见吴起的改革在一段时间内是十分成功的。

然而,就在变法轰轰烈烈地进行、楚国国势蒸蒸日上的同时,潜伏的危机也愈演愈烈。终于,在改革的决定性支持者倒台之后,危机爆发了。

公元前381年,支持变法的楚悼王突然去世。因推动改革而树敌无数的吴起变得势单力薄,落魄贵族们由于吴起的改革毁掉了他们本来富足安逸、养尊处优的生活,对他恨之入骨。只不过因为悼王的存在,他们一直痛苦地忍耐着。现在悼王去世,他们终于等来了复仇的机会。在悼王的葬礼上,他们寻到吴起,乱箭将其射死。

悲剧岂因太匆忙

吴起死了,轰轰烈烈的变法戛然而止。此后,楚国便渐渐地衰落了。吴起为变法献出了生命,令人感叹,令人惋惜。然而不知各位还是否记得,当年李悝在魏国变法同样旨在消灭贵族,但最后魏文侯去世时(李悝比魏文侯晚一年去世),李悝也并非死于贵族之复仇。

但吴起为什么如此不幸呢?我们曾经谈到,李悝之所以没有被贵族仇杀,有可能是他并非一味打击贵族、不给其留后路,而是尽量妥当安置他们。比如,分给贵族们大片土地,使其成为地主,利益照得,无须反抗。

但是吴起呢?相比较而言,至少有两方面工作是吴起没有做到或做好的。

第一,经济改革的缺失。

吴起虽然打击贵族世袭,和李悝一样着眼于废除世卿世禄制度,但是史书并未记载吴起在经济制度上有什么显著的改革,即使有鼓励人民耕种等内容,也并没有像李悝那样有一套成型的经济制度。

我们知道,经济基础决定上层建筑,而吴起在经济基础上未有显著成效,所以上层建筑的改革不能长久。

第二,人事安排的缺陷。

吴起没有妥当处置势力庞大的贵族阶级,而只是一味打击。不仅取消他们的封地、俸禄,还把他们发配到边远地区垦荒,虽然也是当地主,但生活条件大大降低,结果是贵族们"皆甚苦之"。

我们知道,取消贵族世袭,减少浪费是正确的,但一定要以严重得罪贵族、为自己大量树敌为代价吗?如果我们之前对李悝解决贵族问题的方法猜测是成立的,那或许就是一个更好的办法。

此外,我们或许还可以从吴起的性格入手,分析悲剧发生的原因。

吴起辅佐悼王,其自身不因私心而妨害公事;不用谗言谋害忠良;言语不盲目附和;行为不苟且求存;为国效力不考虑私人名誉;一心辅佐君王,不考虑个人安危。对别人,则铲除请客说情的风气,改变了楚国的旧俗。

这说明了什么?是否可以此初步概括吴起的性格,即大公无私、刚正不阿,但又不懂变通、不会左右逢源?换句话说,就是正直无私,却不能与平庸之辈同流？说得再简单一点，就是情商不够。

这样一个作风强硬又情商不足的人，最后结果会怎样呢？可想而知：虽然大公无私，但又遭人嫉恨。

为了更加全面地分析吴起的性格，我们不妨再来看一个事例。

有一次，吴起让妻子帮他织一条丝带，结果妻子织好后，尺寸不符合吴起此前的要求，吴起很生气，要妻子再去改。妻子答应了。改好后，尺寸依然不符合要求，妻子解释说："我开头就把经线定好了，不能改了。"结果吴起休了妻子。吴妻请求自己的哥哥找吴起说情，希望回到丈夫身边。但她哥哥说："吴起是法家人，他制定法律，目的是为大国建立功业。但首先须在自己的妻子身上实践，然后才能推行开，你就不要再希望回去了。"吴妻的弟弟被卫君重用，凭着自己的身份去向吴起求情，吴起依然不答应，干脆离开了卫国。

这个故事还有其他版本，但主旨一致，即表现吴起为严格执行自己所定的"法"，而不惜休妻。关于这个传说的真实性，学术界也观点不一。但对于吴起的性格特点，仍然可见一斑——他对"法"的执着，已经到了吹毛求疵、近乎无情的地步。

如果这个事情是真实的，那么，虽然吴起严格遵守了他所定的"法"，但必然也伤害了妻子及其全家。这足可见吴起为坚守信仰所付出的代价。吴起对待亲人都如此无情，那么对于政治上的敌人呢？大抵可以想到。

所以，吴起变法，严重得罪贵族，不足为奇；得罪同僚，也不足为奇；得罪一大堆没必要得罪的人，或许也在情理之中。

所以，我们分析吴起变法失败的原因，除了前文所述的两点，还应考虑吴起本身的性格因素。而吴起性格的缺陷或许也正是其变法失败的根源所在。

了解了吴起的性格特征，或许就能更好地解释吴起屡遭排挤、名声不好的原因了。对于文章开头所讲的三件事，我们也能更理性地看待了——它们即使不是真实的，很有可能也有原型；吴起遭人陷害而离开魏国，也不一定都是别人的原因。

性格决定命运，吴起的例子很好地证明了这个观点。

但是，我们不管是评价历史人物，还是评价万事万物，都应保持理性的态度，不要轻易盖棺定论。吴起或许真的存在性格上的缺陷，但他既然能够被国君重用、成就一番事业，必然拥有很多更为可贵的品质，比如他的勇气，他的廉洁，包括他对"法"的不近人情的执着，也自有其好处——可以保证规章政策严格、有效地执行。又如，吴起虽然对敌人毫不妥协，但他也有极富柔情的一面：作为将领治军的时候，他爱兵如子，与下层士兵同吃同睡；士兵受伤，他更是亲自为其疗伤，甚至为其吸吮脓疮，这样一来，士兵们无不誓死效忠，毫不畏战。而先后在鲁、魏、楚三国立下的赫赫战功，正是除变法改革外，吴起留名青史的另一大原因。

最终吴起为变法献出了生命，而随着改革的停顿，楚国也逐渐衰落。然而，我们已经知道，在春秋战国时期，世卿世禄制度和井田制已经成为社会进步的障碍，迟早会被更优越的制度所取代。吴起虽然倒下了，但后继者会追随着前人的步伐，前赴后继，将改革进行到底。

商鞅

中国千年『重农抑商』之始

商鞅,姬姓,公孙氏,战国时期卫国人,故又称卫鞅、公孙鞅。河南安阳人。战国时期著名的改革家、政治家、军事家,法家学派代表人物,以其在秦国的"商鞅变法"而闻名于世。

无与伦比的自信

凡是能在历史上留下威名的人物,都不是平庸之辈。商鞅也不例外。并且,他本人就是这么认为的。

据商鞅本人的著作《商君书》记载,在真正开始变法之前,他曾经对秦孝公说过这样一段话:

"臣闻之,'疑行无成,疑事无功。'君亟定变法之虑,殆无顾天下之议之也。且夫有高人之行者,固见负于世;有独知之虑者,必见骜于民。语曰:'愚者暗于成事,知者见于未萌。民不可与虑始,而可与乐成'。郭偃之法曰:'论至德者不和于俗,成大功者不谋于众'。法者所以爱民也,礼者所以便事也。是以圣人苟可以强国,不法其故;苟可以利民,不循其礼。"

意思是说,臣听说,做事优柔寡断就不能成功。您要果断下决心变法,无须害怕天下人的非议。并且,真正高明的人,他的行为肯定为世俗者不解;有真知灼见的人,他的见解肯定被世俗者所嘲笑。俗话说,愚者对于已经发生的事都未必明白,而智者,在事情发生之前就可以预料。对于百姓,不能和他们讨论创新与改革,只能和他们分享改革的成果。郭偃说,有至高道德的人不附和庸俗之流;成就巨大的人,也不会和普通群众商量。法制是为了爱护百姓;礼仪是为了方便办事。所以圣人治国,若想强大国家,就不必遵照旧制度;若想造福百姓,就不必因循旧礼法。

这段话足见商鞅之自信。从中我们可以清楚地看到商鞅对自己的各种定义,依次为高人、智者、道德崇高者、成就巨大者(或许还有"圣人")。与此同时,他也与一些人划清界限,即世人、民众、愚者、俗人。

商鞅之自信,可见一斑。

那么，我们这位高人、智者，后来究竟有没有"成就大功"呢？

重磅改革：重农抑商与严刑峻法

据《史记》记载，商鞅自幼"好刑名之学"（法律、刑罚之类的学问），志在辅佐君王建功立业。早年侍奉于魏国，但魏国国君并不识才，商鞅无奈，投奔了秦国。

当时，秦国的国君秦孝公广纳贤才，志在图强。和商鞅见过几次之后，对商鞅的治国理念极为认同，便任用商鞅，辅佐治国。

获得了君主的信任，商鞅便有了实践自己理想的机会。他以孝公"彊国"（即强国）的目标为宗旨，以秦国的实际情况为基础，制定并实施了一系列变法措施，主要有以下几个方面：

一、农战结合，利出一孔。

《商君书》有云："国之所以兴者，农战也。"就是说，商鞅认为，国家兴旺的根本是农业与战争。然而，变法之前的秦国，社会上弥漫着逃避务农与作战，而用机巧的言论和空洞的说教求取功名的风气。商鞅认为，长此以往，国家就会衰败。所以，商鞅治秦的首要任务就是要让人民回归农业、用于作战。对此，商鞅的办法有以下几种：

首先，鼓励人民努力种粮，开垦荒地。

具体做法是减免农民税赋，规定种粮、垦荒成绩优越者，可以免除徭役。此外为了使人民安于农耕，商鞅规定农业为"本业"，其他行业均为"歧途"，尤其把商业定为"末业"。为了打击商业、防止人民见异思迁，商鞅出台了一系列抑商政策。

其一，粮食专卖与矿山国有。就是说，粮食及矿业只准国家经营，不准商人私营。商人无法从粮食和矿产交易中获利，只能回归农田，这样粮食产量就会提高。

其二，对工商业施以重税。这样经商的利润就会大幅减少，人民经商的热情也大大降低，为了生存，还是得去种粮。

其三，推行户籍制度与禁止私营旅馆。规定人民不许擅自迁徙，也不能随便外出住店。目的均是限制人口流动，打击商业，因为商人经商，必定要到处奔波。

其四，取消货币，以物易物。为了打击商业，商鞅取缔了货币，他认为，货币活跃了，农业就衰落；农业发达，货币就没有用了。

综上所述，商鞅用各种方法堵死人民的非农业发财之道，使得人民要生存，只能去种田。

其次，商鞅鼓励人民作战。

商鞅推出了军爵制度。规定"宗室非有军功论，不得为属籍"，就是说，王族成员，没有军功，就取消贵族身份。"有军功者，各以率受上爵"，就是说，有军功的人，无论出身如何，按其军功的大小分别予以爵位与封赏。

如此一来，实际上是打破了贵族世袭制度，人民只要为国作战，获得军功，就能获得土地和官职。军功越大，获得的土地就越多，官位就越高。

可以看出，商鞅的思路是，人民要生存，就得去种地，要获得更多土地，就要为国作战，取得军功。商鞅把他所认为的兴国之本——农与战——完美地结合了起来，形成了人民种地→作战→获得更多土地→产出更多粮食的正向循环。既获得粮食的丰收，又提升了军事实力；提升了军事实力，就可以吞并其他诸侯国获得更多的土地。这样的方法，其本质叫"利出一孔"，即人民只能通过唯一的途径获取利益，那就是"农战"。

最后，颁布严法，人人平等。

商鞅是法家代表人物，所以和吴起、李悝一样，颁布法律是理所当然的。据说当年商鞅投奔秦国时，就随身携带着李悝的《法经》。

商鞅在秦国施行的法律，是以《法经》为基础，又制定了什伍连坐法，并且施行轻罪重罚的政策。

据《史记》记载，商鞅规定："令民为什伍，而相牧司连坐。不告奸者腰斩，告奸者与斩敌首同赏，匿奸者与降敌同罚。"就是说，把十家编成一什，五家编成一伍，互相监视检举，一家犯法，十家受罚。不告发奸恶者，处以拦腰斩断的刑罚；告发奸恶者，获得与取得军功者同样的封赏；隐藏奸恶者，获得与投敌卖国者同样的惩罚。

商鞅认为，施行这样的连坐法与轻罪重罚制度，就可以使得人人守法，社会和谐。

二、商鞅的法制还注重人人平等。

所谓其法"上约君,下约民",就是不管是贵族还是平民百姓,触犯法律都需受罚。《史记》记载:"太子犯法,卫鞅曰:'法之不行,自上犯之'。将法太子。"就是说,新法颁布之后,太子犯法了,商鞅说,新法之所以不能推行,是因为上层人物不遵守,所以要依法处置太子。但由于太子是国君继承人,不能施以刑罚,所以就处罚了太子的老师公子虔和公孙贾。四年之后,公子虔再次犯法,这次商鞅把这位太子的老师的鼻子削掉。

除了上述两大方面的改革,商鞅变法还包括其他几个方面,其意义同样重大。

第一,鼓励小农社会。就是减少或消灭大型家族,拆分为一夫一妻的小家庭。这样的好处是便于管理,增加税收(因为家庭的户数增加了,当时秦国是以户为单位收税的)。

第二,在变法的第二阶段,秦国把国都从雍地迁到了咸阳。

第三,增加征收"赋",就是人头税。

第四,推行县制,把秦国分成三十一个县,取代了原先的乡、邑。

第五,统一度量衡,保证了交易的公平与方便。

第六,开阡陌,废井田。对此,有学者认为是商鞅废除了具有公有性质的井田制,而实行了土地私有制;也有学者认为,所谓"开阡陌,废井田"只是打破原先耕地的界限,增加耕地面积,并不触及经济制度。

以上便是商鞅变法的主要内容,那么结果如何呢?

首先,秦国国内方面,据《史记》记载,在太子因犯法而被处罚后,"明日,秦人皆趋令。"就是说,太子被罚之后,秦国人民都遵纪守法了。而且"行之十年,秦民大说,道不拾遗,山无盗贼,家给人足。民勇于公战,怯于私斗,乡邑大治。"就是说,新法施行十年,秦国人民都觉得十分幸福,道不拾遗,山无盗贼,家家富足,人民勇于为国出战,以因私人恩怨斗殴为耻,社会和谐安康。这是国内的状况。

其次,在诸侯国之间,秦国同样表现出崛起的趋势。

公元前354年,商鞅率领的秦军在元里(今陕西省澄城县南)击败魏国军队;公元前352年,秦军占领魏国都城安邑(今山西省夏县西北);一年之后,秦军又占领魏国的固阳(定阳,今陕西省延安市东)。这两战也均为商鞅主导。

秦国之强大最终震动了周天子，据《史记》记载，商鞅变法后，"居五年，秦人富强，天子致胙於孝公，诸侯毕贺"。就是说，五年后，秦国富强，周天子把祭肉赐给秦孝公，各国诸侯都来祝贺。秦国真正成了中原的霸主。

公元前341年，秦国联合齐、赵两国攻打魏国。魏军的主将是公子印，而商鞅早年侍魏的时候曾与公子印交好。于是商鞅派信给公子印说，当年我与公子相处得很友好，现在各为其主，不得已为敌，不如我们私下会见，签订盟约，这样两国均可避免战争之苦。

公子印信以为真，与商鞅见面，不料被商鞅设下的伏兵俘获。秦军顺势发起攻击，魏军大败。此战之后，魏国由于数次败于秦国，国库空虚，信心全无，于是把河西（"河"指黄河）之地全部归还给秦国（河西之地原为秦国领土，但后来秦国衰弱，魏国兴盛，这些区域就被魏国占领）。这次胜利之后，孝公将十五个邑赐予商鞅，作为其封地，并封商鞅为"商君"。

综上所述，商鞅变法使秦国空前强大，国内百姓富足、社会有序，对外战无不胜、诸侯臣服，商鞅本人也官居高位、封地硕广。而这一切，都是在商鞅"不和于俗，不谋于众"的专制统治下完成的。

然而，强力专制除了辉煌，还有它的另一面。

辉煌的反面

《史记》有云："商君相秦十年，宗室贵戚多怨望者。"就是说，商鞅治理秦国以来，王室贵族及其亲属多有怨恨。原本好端端的既得利益和阶级特权，被你一声令下就取消了！以前靠出身就能轻松获得的一切，现在去战场上拼命都不一定能得到。尤其是惩罚太子这种事，虽然可以使百姓信服，但王室、贵族原本高贵冷艳的尊严一下子荡然无存，他们对商鞅的仇恨可想而知。

所以，商鞅变法虽然体现了可贵的阶级公平，有进步的一面，但无疑大大触犯了王室贵族阶层。

《史记》有云："秦民初言令不便者有来言令便者，卫鞅曰'此皆乱法之民也'，尽迁之於边城。其后民莫敢议令。"就是说，变法之初，有秦国人民抱怨新法不好，但是实行一段时间后，这些人又说新法好，赞美商鞅。但商鞅却认为这些人都是扰乱社会的不安定分子，就把他们发配到边疆，从此再没有人敢议论国事。

这件事是商鞅"不和于俗，不谋于众"信条的典型体现，完全不把人民放在眼里，而只是当成了实现自己理想的工具。不过这只算是小事情，前文提到过的连坐法和轻罪重判等政策才最为恐怖。

所以，商鞅变法虽然获得了一定程度的成效，但无疑也严重脱离了普通民众。

《史记》有云："刑黥太子之师傅，残伤民以骏刑，是积怨畜祸也。"就是说，商鞅对太子的老师用刑，用严刑酷法残害百姓，这是在积累怨恨、聚积祸患。换句话说商鞅被社会的各阶层孤立了。

于是就造成了这样的局面："君之出也，后车十数，从车载甲，多力而骈胁者为骖乘，持矛而操阖戟者旁车而趋。此一物不具，君固不出。"就是说，商鞅出门的时候，需要数十辆战车护卫，车上满是全副武装的士兵时刻保护。如果没有这些保护，商鞅都不敢出门。

可见，商鞅虽然把秦国"变"强大了，但同时也把自己"变"成了"过街老鼠"。

此外，《史记》还记载了魏人对商鞅的态度："魏人怨其欺公子昂而破魏师。"就是说，魏国人因商鞅欺骗公子昂而击败魏军而怨恨商鞅。可见，商鞅不仅在秦国内触犯众怒，在国际上的名声也不好。

然而，落到如此地步，商鞅似乎并不愿悔改。当时有叫赵良的人见到商鞅，规劝他停止酷法、归还封地、告老还乡，否则孝公一逝，想要他商鞅性命的人就太多了。但商鞅并不以为然，或许心里还在嘲笑赵良是"俗人""愚者"，并不能理解自己这个"高人""智者"呢。

天欲其亡，必令其狂

商鞅变法，当然是富有成效的，我们前文已经谈过。但是他并没有见好就收，甚至见坏都没有收。结果，赵良的预言最终变成了现实。

公元前338年，支持商鞅变法的秦孝公去世。太子即位，是为秦惠文王。新王登基后,公子虔等人立刻举报商鞅"谋反",秦惠文王下令追捕商鞅。商鞅逃至边关,想要住宿旅店,店主不知来客是商君,照例告之:商君有令,不带证件者禁止住宿。商鞅住店不成,逃到了魏国,但魏人因商鞅谋害公子昂一事记恨商鞅,拒绝收留他。

从权力的巅峰到无依无靠,只在一瞬之间。走投无路的商鞅,终于发动了他人生中最后一次疯狂,他回到自己的封地,集结军队,向北攻击郑国以谋出路,但被秦军杀死在郑国。秦惠王把商鞅的尸体车裂、示众,并告诉民众,不要像商鞅一样谋反。然后诛杀了商鞅全家。

斯人已逝

在商鞅显示才华之前,便显示出了无与伦比的自信,暗示自己将"成大功"。十八年过去了,在商鞅的治理下,秦国从变法前那个被中原诸侯"戎狄视之"的弱国,变成了富强之国,而一系列变法措施,如重农抑商、推行县制在历史上更是影响深远。但是,商鞅的自负、无情、刻薄、少恩(司马迁语),也酿成了他最后被杀、诛灭全家的悲剧。

和吴起不同的是,商鞅死后,秦国沿用商鞅所定之法,继续高歌猛进,最终征服了其余诸侯,统一了六国,成为中国历史上第一个统一的中央集权王朝。

赵武灵王

成也创新，败也创新

赵武灵王，嬴姓，赵氏，名雍，赵肃侯之子(先秦时期"姓"与"氏"不同，至秦始皇统一天下后逐渐姓氏合一，当时男子称氏不称姓，故当称为赵雍，不叫嬴雍)，"战国七雄"之一赵国的君主，是历史上著名的政治家、改革家，公元前325年至公元前299年在位，在历史上以推行"胡服骑射"改革而闻名。

赵武灵王是赵国的第六代君主。他即位时，魏国已成明日黄花，让出了战国列强的头把交椅；秦国则强势崛起，有着统一天下之志。至于其他诸侯，如齐、楚、燕、韩等，也在苏秦、张仪的纵横之术下，跃跃欲试。再加上赵国，便是史上所谓的"战国七雄"。

那么当时赵国的情况如何呢？当时的赵国，国力很弱，不仅经常受到强国的欺负，就连其他小国也经常骚扰他。在这种情况下，赵雍作为一个有着远大志向的君主，决心在乱世中奋起，处弱图强。于是，他在许多领域进行了锐意大胆的改革。

其中最著名的一项，无疑是"胡服骑射"。

胡服骑射

战国时代以军事争战为主要特征，赵国同样被卷入了战争的漩涡，但是，在"胡服骑射"的改革之前，赵国在军事上一直处于被动。匈奴、林胡、楼烦，这些游牧部族经常以骑兵侵扰赵国，他们凭借本民族的轻便服装，作战时甚为轻便灵活，所以在面对宽袍大袖的中原士兵时，就有着明显的优势。

面对这种局面，赵武灵王立志发愤图强，建立一个雄霸天下的赵国，于是决定命赵国人改穿胡人的服装，并且以此为基础大力发展骑兵，这就是史上著名的"胡服骑射"。

具体说来，"胡服骑射"的改革内容，就是命令赵国人改传统宽袍大袖的汉服为胡人的短装服饰，束皮带、用带钩、穿皮靴，同时改传统的战车作战为骑兵作战，训练士兵马上射箭的技术。

不过，想法虽好，但和历史上任何一次改革一样，赵武灵王的这次改革，也面临重重阻挠。

当时，中原诸国文明程度较高，以礼仪之邦自居，向来对游牧民族的风俗心存蔑视。所以，虽然赵武灵王能发现胡服的长处，敢于抛弃传统服饰，公开提出采用胡服，表现了其不守成规、重视现实的认识态度和移风易俗、革旧布新的行动魄力，但是，由于人们崇拜祖先与安于现状的心理，其改革面临相当大的阻力与困难。那么对此，赵武灵王是怎么办的呢？

他采取了一些重要的措施。

第一，召集肥义等大臣商讨改革，争取这些进步且位高权重者的支持，从而在朝中形成一股改革势力，避免了孤军作战。

第二，反驳守旧派的反对言论，占领舆论阵地的桥头堡，积极宣传，扩大影响，并提出"治世不必一道，便国不必法古"，"以古制今者，不达于事之变"（见《战国策·赵策二》）等口号，为改革奠定思想舆论的基础。

第三，下定改革决心，瞄准改革目标，公开改革计划，以示改革之志。赵武灵王认识到："夫有高世之名，必有遗俗之累。"意思就是说，建立极高功勋的人，一定受到世俗人的指责。于是他决心不顾世俗的反对和嘲笑，坚决改革到底，因为他知道："虽驱世以笑我，胡地中山吾必有之。"就是说，虽然世人都嘲笑我，但胡人占领的中山之地（当时在赵国中还有一个号称"千乘之国"的中山国）必将为我所有（《史记·赵世家》）。可见，他对改革的意义和作用有极高的自信。

第四，自己率先执行改革计划，为全民作出榜样。众所周知，领袖的行为对民众有极大的影响力，而面对反对浪潮，赵武灵王本人率先改穿胡服，对改革起到了有力的推动作用。

第五，在群臣的意见还未达成一致时，赵武灵王多次出面，陈说利害，终于说服了自己的叔父赵成。赵成赞成改革，标志着赵武灵王争取到了长辈的支持，既减轻了自身的压力，又使守旧派失去了后盾。

第六，赵武灵王在改革的同时不断在军事上有所作为，用现实的军事成果向人们证明改革的正确性和重要意义。一段时间后，"胡服骑射"终于被赵人彻底理解并心悦诚服地接受。

"胡服骑射"的成效是显著的：经过一番改革和训练，赵军的战斗力迅速提高，由此取得了一系列对外战争的胜利，开拓疆土数百里，甚至一度萌生了吞灭秦国的志向。

我们不妨总结一下赵武灵王"胡服骑射"改革成功的原因：一是由于赵武灵王作为国家领袖，对此认识明确，因此决心坚定，推行得力；二是由于在社会系统中，这毕竟只是一个单项改革，并不复杂，最关键的是，这一改革不伤害人们的实际利益，不至于激怒反对势力，因此被人们接受的可能性更大些。

舍权让位

"胡服骑射"改革的成功，让赵武灵王雄心大增，他进而计划取道云中（今内蒙古托克托县东北），自九原突袭咸阳，吞并秦国。

赵武灵王的吞秦计划包含了极大的雄心，就当时的国力而言，赵国远逊于秦国，但秦国一心兼并诸侯，一直东向用兵，又南侵楚国，对北方防范较少。因此赵武灵王准备绕道九原，利用轻骑的优势，越过沙漠荒原，直下秦国都城咸阳。

可以说，在秦国北线准备不足的情况下，只要实施得法，赵武灵王的这一战略计划是有可能成功的。而且，秦国当时已开始正面吞并列国，秦国只要存在，赵国灭亡的危险就存在，只有给秦国以摧毁性的打击，才能从根本上消除赵国的危险。赵武灵王吞秦计划的实施确有些风险，但这是弱中求胜、解除战略隐患的必要一招，如果成功了，将足以改变战国的局势。

这一战略计划的实施，对带军将领的智谋、胆略、权威和经验等方面都有很高的要求，鉴于这种情况，赵武灵王做出了继"胡服骑射"后另一项重要的改革措施：

那就是让儿子赵何专治国事，自己则从国事中解放出来，全力治军，并着手进行战略计划的准备工作。他召集群臣大朝于东宫，传位给赵何，自己号称主父，使肥义为相国，李兑为太傅，赵成为司马。

君主生前将王位交给儿子，这在以前的历史上是极为罕见的，有的只是君臣亲属之间的争权夺位。但赵武灵王是一个极重现实的政治家,比如数年前魏、韩、燕、中山与赵国相约五国互相尊立为王,赵武灵王因几国合力也无力抵抗秦国,故独持反对态度,他说:"无其实,敢处其名乎?"(《史记·赵世家》)即没有那个实力,敢担那个名义吗? 于是赵武灵王令国人称自己为"君",且终其一生,都没有再称王,史书上的"赵武灵王"实际是后人对他的尊称。

而务实的赵武灵王在面临当时的战国形势时,他清楚地看到,不消灭秦国,即使自己名为赵国之君,赵国也会迟早衰亡;而如果能在军事上击溃秦国,即使自己放弃君位,赵国和自己也会有一个美好的未来。所以,他做出了让出君位、全力治军的选择,表现了他以国家利益为重的胸怀和注重现实的政治远见。

赵武灵王的让位行为带有鲜明的政治革新精神,是为配合军事斗争的需要而进行的,在这次变革中,他让赵何做了国君,自己实际上扮演了太上皇的角色,交出了政权又未完全放权,后来常常是赵何临朝就位,自己则在一旁设便座听朝,大概是要给赵何一个培养锻炼的过渡阶段。

同时,他在让位时还替赵何组织了一个较为出色的政权班底,相国肥义曾是自己所依靠的亲信大臣,太傅李兑足智多谋,赵成则是王室贵族,老成持重,他们同时辅佐赵何为政,可以保证在处理国事上少有差错。赵武灵王的上述安排看来是有一番用心的。

不过,要注意的是,赵武灵王的政治改革并不属于政治制度改革的范畴,其让位举动只是为了加强自己的军事领导而采取的一种权宜之计,整体来看,此举既没有制度上的创新,也不包含对终身制的废除。不过,尽管如此,在君位终身传统已根深蒂固、君臣尊卑观念十分浓厚的社会中,赵武灵王的让位举动还是很了不起的,表现了他敢于打破常规、敢于革新的胆识和勇气。

亲窥秦君

赵武灵王专管军事后,将秦国作为主要的战略对手,他为了熟悉秦都咸阳附近的地理形势,了解秦王嬴稷的为人风格,还亲自去咸阳"会见"嬴稷。

他让位不久后,自称赵国使者赵招,拿着国书来到秦国,告知册立新君之事。他带着数人，一路绘制地形，来到咸阳拜见嬴稷，与其商讨国事。嬴稷见赵使不卑不亢、应对自如，甚是敬重。晚上，嬴稷突然想到赵使的言谈举止远非区区国使所及，就怀疑起来。次日紧急召见赵招，其从人却推说主人生病了。三日后，嬴稷派人强行进入馆舍搜寻赵使，才知赵使正是赵武灵王本人，而他在那天会见嬴稷后就暗自回到了赵国，嬴稷没有追上，只得礼送赵武灵王的从人回国。

赵武灵王亲赴咸阳暗窥秦王，是为灭秦做准备，他要了解咸阳的地势和秦王的个性特点，又不满足于传闻所得的情况，于是亲身前去侦察。曾为堂堂大国君主，又身为国家最高军事指挥，敢于冒名去敌国都城做侦探，这是常人不敢想象的，但这恰好就是赵武灵王的个性，是他有别于常人的地方。他办事不拘一格，胆识过人，是他能取得较大政绩的重要原因。

秦王嬴稷曾问他，赵国是否畏惧秦国，他以国使身份回答说："寡君不畏秦，不胡服习骑射矣。今驰马控弦之士，十倍昔年，以此待秦，或者可终侥盟好。"就是说，我国君主若是不惧秦国，就不会施行胡服骑射了，如今我国的骑兵是往年的十倍，这样一来，或许可以侥幸和秦国结盟。这句话，不仅表达了赵武灵王实行改革的原因，也表现了他对强秦无所畏惧的自信心态。

一国二主

除了上述举措，赵武灵王在政治上还有一大创新举措，那就是破天荒地想把两个儿子同时立为国君。而与胡服骑射不同，事实证明这一举措完全是失败的，甚至是悲剧性的。

赵武灵王早年立嫡长子赵章为太子，不久立宠妃吴娃为王后，于是废掉赵章，立吴娃的生子赵何为太子，生前将王位传给了十岁左右的赵何，同时将东安阳（今河北省阳原县东南）封给赵章，称为代安阳君。

赵章平日里奢侈放纵，并不服气赵何，常常表露出来，赵武灵王又十分同情赵章，私下对族人赵胜讲："汝见安阳君乎？虽随班拜朝，似有不甘之色。吾分赵地为二，使章为代王，与赵相并，汝以为何如？"意思就是说，他欲将赵国一分为二，使两个儿子同时称王。

那么结果如何呢?

当时,这一计划因受到赵胜等大臣的反对而被搁置了起来,但两个儿子因此也加深了对对方的敌意,加强了戒备心。后来,赵武灵王与赵何同游于沙丘,赵章跟随而行。沙丘是殷纣王为畜养禽兽而建造的,有离宫两所,相隔五六里,赵武灵王和赵何各居一宫,赵章居于两宫中间的馆舍内。赵章见赵何带的士兵不多,就与部下商议:晚上诈称父亲发病,召赵何前往,再于途中将他杀死。但赵何一行也有戒备,觉得事有可疑,相国肥义自愿先行试探,结果半路被伏兵误杀。赵章成骑虎之势,欲罢不能,就率众夜袭赵何的寝宫,双方形成对峙。

天亮之后,赵何的亲信李兑、赵成等人率兵前来接应,击败了赵章的部队,赵章单骑奔入父王宫中,赵武灵王开门将其藏匿,李兑等率兵来捕,赵武灵王坚决称赵章没在宫中,李兑于是令亲兵数百人搜宫,最终在夹壁中搜出了赵章,将其就地斩首。

李兑听到赵武灵王在外哭泣,就对赵成说:"主父开宫纳章,心已怜之矣!吾等以章故,围主父之宫,搜章而杀之,无乃伤主父之心!事平之后,主父以围宫加罪,吾辈族灭矣!王年幼不足与计,吾等当自决也。"于是令军士不许解围,并使人假传赵何的命令道:"在宫人等,先出者免罪;后出者即系贼党,夷其族!"宫中内侍听到之后,争先出宫,只剩下赵武灵王一人被锁入其中,他没吃没喝,爬树取雀卵生吃,一个多月后饿死了。一代名君就这样陨落。

当初,赵武灵王对于王位的安排,一直游移不定,他既要立赵何为君,又不愿让赵章失去权位。赵章对赵何不满,本已祸见端倪,但他不是对赵章的野心加以遏制,反而要分国与他,这等于助长了赵章的野心。赵何与赵章都是自己的亲生儿子,但又是国内两大政治派系的领袖,赵武灵王因为亲情,只看到了两人的前一层关系,以为他们不会有过大的利害冲突,而完全忽视了后一层关系,没有看到两人的对立之势。他带着儿女私情去处理政治问题,结果引发了一场本来能够避免的祸乱。

赵武灵王爱子心切,不愿看到有哪一个儿子不是君王,于是想分国为二,制造两个政权并存的局面,这更是一个荒唐的设想。当时赵国的国势刚刚好转,但其总体实力并未超过秦国,如果分国为二,不能保证对已有的力量集中使用,即使不发生内耗,也无法抵御强国的入侵,最终使两个国家都不会长久,何况两个政权间的内耗是不可能避免的。赵武灵王的分国设想,是因私情而忽视国家大计、毫无政治远见的荒唐构想。

赵武灵王曾以使者身份回答秦王嬴稷问话时说道:"寡君虽为'主父',然国事未尝不主裁也。"赵武灵王让出君位但未放弃全部权力,使当时赵国的权力核心处于模糊状态,也是为政大忌。正是恃仗父亲的权威,赵章才敢于造反,赵章后来逃至宫中,赵武灵王本该依仗自己的权威严惩罪魁祸首,但他却因私情将儿子藏起来准备了事,在国家存亡的关键时刻,他因舐犊之爱,丧失了应有的政治立场。赵章的作乱,与他的纵容有关,平乱中他又坚持藏匿祸首,李兑杀了赵章,知道赵武灵王事后不会善罢甘休,这是根据赵武灵王以往的作风而作出的正确预料,出于彻底防范的需要,李兑便将他做了祸首赵章的殉葬品。于是,由赵武灵王一手酿成的祸乱最后也毁灭了他自己。

千古名君

赵武灵王以极大的胆识进行了军事、服饰方面的改革和政治上的革新,赵国的气势为之一新。正当他踌躇满志要吞并秦国、威震中原时,却不慎在内乱中丧命,他虽为赵国训练出了一支可与秦国对峙的军事力量,但年幼的惠文王赵何缺乏父亲那种坚毅果敢、英勇善战、胆略超众的军事才能,无法很好地利用这支军队,使赵国在天下纵横、秦国统一之势未完全形成的时期,失去了对外扩张的最好时机。

赵武灵王胡服骑改革的成功,为中华民族留下了宝贵的文化精神遗产,但他最终因荒谬的决定而致使自己在内乱中去世,却无疑是中国历史上的一大憾事。

秦始皇

人生就是不停地统一

秦始皇，姓嬴，名政。生于邯郸，秦庄襄王之子，是人类历史上第一位"皇帝"。

他一生功业无数，对中国历史有着极其深远的影响。而其中最为重要的，莫过于在历史上第一次统一了中国。

除了领土上的统一，在政治、经济、社会方面秦始皇还做出了多项前无古人的改革，而这些改革，也都是以统一为主调进行的。自此之后，统一便成为中国的一种文化，一直延续至今。

然而，在我们毫不怀疑地认为"统一是理所应当"时，是否发出过这样的疑问：为什么要统一？

为什么要统一呢？两千多年以前，秦始皇已经用实践回答了这个问题。

政权的统一

秦朝统一六国之前，中原地区战乱不断，各诸侯国相互征伐，苦于内耗，用秦始皇的话说，就是"天下共苦战斗不休"。这便严重阻碍了生产的发展和人民的幸福，北方匈奴也因此有了可乘之机，屡次进犯中原。

公元前247年，十三岁的嬴政继承父位，成为秦王。八年后，正式掌握了大权。掌权后的嬴政很快便开始了统一计划。在尉缭、李斯等人的协助下，嬴政领导的秦国仅仅用了十八年就灭掉了六国，把原本属于六国的土地和人民全部纳入秦朝的统治之下。

从此，中原一统，战国时代结束，迎来了历史上第一个大一统时期。而内耗结束，外敌也被驱逐。秦朝统一六年后，就击溃了匈奴。

可见，政权的统一有利于国家的和平与稳定，也是团结一致抵抗外侮的前提。

政治的统一

秦朝之前,中原地区的政治制度是分封制,即周天子把天下分封给各大诸侯,各诸侯在自己的封地有高度的自治权,每个诸侯封地都是国中之国。到了春秋战国时代,周王室衰落,各诸侯国为了各自的利益,相互征伐不休,百姓困苦。

秦朝统一中国后,废除了分封制,推行郡县制。所谓郡县制,即把全国以郡、县为单位划分,郡守、县令皆由皇帝直接任命与罢免。换句话说,皇帝是国家唯一的统治者,拥有至高无上的权力。这就使各地诸侯各自为政、互相攻伐的情况消失了。

"皇帝"也是秦始皇发明的。在之前没有"皇帝",只有"君主""王""天子"等。秦始皇是中国也是世界上第一个皇帝。后世的所有皇帝皆从始皇而来。

皇帝制度和郡县制相互搭配,共同保证了中央集权。有了中央集权,也就避免了诸侯混战、百姓困苦,从而有利于社会的稳定和发展。

这是政治统一(郡县制与皇帝制)的好处。

文字的统一

统一之前,中原各国分别使用不同的文字,大家互不认识对方的文字,严重阻碍了交流和文化的发展。不同"区域"间通信,光翻译就恨不得花去半天时间。

秦朝建立之后,秦始皇下令全国统一使用小篆,统一了文字。这就解决了交流困难的问题:写信再不用担心对方看不懂。

此外,统一文字的好处还有方便政令传达、有利于维护统一等。

虽然最后小篆因书写困难而被隶书取代,但这只是字形的变化,统一文字的战略本身无疑是正确的,也得到了后世帝王的维护。

货币的统一

秦朝之前,各诸侯使用不同的货币,这就不利于商品交易,对于秦朝来讲，也不方便国家税收。此外，战国时期私人可以铸钱，这就会存在地方势力做大挑战中央政权的隐患。

秦朝统一后，秦始皇下令统一货币，方便了买卖和税收。并且还将钱币铸造权收归国有，这就维护了政权的稳定，还可以使中央掌握国家的经济命脉。

度量衡的统一

所谓度量衡，指的是三种量具：度，量长短；量，测容量；衡，称重量。

秦朝之前，各诸侯国的度量衡都不统一，与货币不统一一样，没有一个统一的标准，也就不方便买卖、交换和税收。

秦朝统一后，统一度量衡，上述问题就解决了。而度量衡的统一无疑有利于经济发展。

轨道的统一

秦朝之前，各诸侯国间为了阻挡他国进犯，缺乏通畅统一的道路，车辆型号也不一样，交通严重不便。

秦朝统一后，秦始皇下令修建了以都城咸阳为中心、向全国辐射的"驰道"，相当于今天的高速公路；此外，统一了车辆的形状与大小。从此国内交通便利，有利于社会经济发展，当然也方便了军队的出征、皇帝的出巡。

风尚的统一

秦朝之前，各诸侯领地内人民的道德风俗、行为规范各不相同，容易造成误会和冲突，不利于团结。

秦朝统一之后，秦始皇规定了统一的道德标准和行文规范。比如主张"男女礼顺，慎遵职事，昭隔内外，靡不清净，施于后嗣"，意思是主张男女有别，以礼相待，女主内，男主外，各尽其责，为后代树立榜样。这就统一了行为规范，使大家有相同的道德标准与行为习惯作参照，减少了误解与矛盾，促进了社会的和谐与发展。

综上所述,国家统一有诸多的好处,我们稍作列举:

其一,有利于国家安全、社会稳定、民族团结;

其二,有利于经济和文化的发展;

其三,有利于中央机构对全国的控制。

而对中国这样的大国,这是至关重要的,所以,统一是必然,符合全人类社会发展的规律。

然而,虽然统一有诸多益处,但能否利用和掌握好这些机遇,就是另外一回事了。

不幸的是,秦始皇显然就没有准备好。在秦朝一统的同时,他的多项举措也存在明显的缺陷。也正是这些缺陷最终导致了秦朝的短命早亡。

酷法的统一

我们知道,秦国在商鞅变法之后逐渐强大起来。直到秦朝统一,依然保留了商鞅治国的风格。其中具有代表性的,莫过于它的严刑酷法。我们具体来看一下:

死刑

死刑分为以下几种:

(1)绞刑,就是吊死或者勒死;

(2)枭首,即把犯人的头砍下来示众;

(3)腰斩,即将犯人拦腰斩断;

(4)磔(zhé),即将犯人肢解分尸;

(5)车裂,即用马车拉扯,将犯人身体扯裂致死;

(6)戮,剥夺犯人生命的同时又加以侮辱,分为两种,一是先戮后杀,即生戮;二是先杀后戮,即死戮;

(7)弃市,即在闹市之中将犯人当众处死;

(8)族刑,也称夷三族,即将犯人三族以内的亲属全部处死;

(9)具五刑,即对于处族刑的主犯,先施以黥刑、劓刑、斩趾等肉刑后再处死;

(10)其他,包括镬(huò)烹(包括水烹和油烹)、凿顶("顶"指头部)、抽肋、剖腹等。

肉刑

肉刑，主要有以下几种：

（1）黥（qíng）刑，即在犯人脸部刺字；

（2）劓（yì）刑，即割去犯人的鼻子；

（3）斩左趾；

（4）宫刑，即割掉犯人的生殖器。

此外，还有流放刑、徒刑（比如修建长城）、笞（chī）刑（用竹板等鞭打）、羞辱刑（剃掉犯人头发，因为"身体发肤受之父母"，剃发是大不孝的行为）、经济刑、主链刑等。

秦朝刑法之严酷，由此可见一斑。

徭役与赋税的统一

除了严酷的刑罚，还有繁重的徭役与税赋。

徭役

秦朝统一后，大兴土木，徭役繁重。主要体现在修建阿房宫、建造骊山陵墓、修筑长城、修建驰道四个方面。

这四大工程劳民伤财，造成人口锐减。比如修长城，有史书记载每年征用劳工数量多达四十万人，死亡人数更是不计其数。

有史书记载了当时的惨象，"民歌曰：生男慎勿举，生女哺用脯。不见长城下，尸骸相支柱。"就是说，秦朝的民歌唱道，生了男孩要掐死，生了女孩用最好的食品喂养，你没见那长城的底下，是无数男性劳工的尸体垒起来的吗。

所以，虽然长城在抵御游牧民族入侵方面确有成效，但它的修建却是以残酷压迫人民为代价。

赋税

秦朝的赋税"二十倍于古"，并且是"泰半之赋"。就是说，秦朝百姓要缴纳的赋税是古代的二十倍，占收成的三分之二。这便造成了秦朝广大农民的贫困。

暴政的覆亡

酷法、徭役、税赋的统一，最终造成了秦始皇暴政的覆亡。

秦始皇集大权于一身，没有利用好大好的统一局面，不顾人民对休养生息的渴望，好大喜功，劳民伤财，致使百姓苦不堪言，民不聊生，最后只能揭竿而起，推翻秦朝。

著名的大泽乡起义，其直接原因就是酷法和徭役的双重压迫。

据《史记》记载，秦二世元年，陈胜、吴广和一众贫民一起被官府征调前往渔阳驻防，但是路遇大雨，无法按时到达。依照秦朝法律，迟到就要受死。陈、吴两人认为，迟到是死，造反也是死，于是揭竿而起，发动了轰轰烈烈的大泽乡起义。

虽然这次起义最终失败了，但它拉开了秦朝灭亡的序幕。后来者如刘邦、项羽相继继承了反秦大业，并最终取得了成功。公元前206年，秦朝灭亡，国祚仅十五年。

从秦始皇的成败我们不难得出两个结论：

第一，对于国家来说，统一是正确的，是符合历史潮流的；

第二，正如管仲所讲：政之兴，在顺民心；政之所废，在逆民心。秦朝得了天下，却失去了民心。岂不知民心就是天下，天下就是民心。失去了民心，当然就会失去天下。

人民是国家的根本，所以，国家统一的目的，最终还是要立足于人民。秦始皇做到了统一，这一点足以使他名垂千古；但对于人民，他显然没能用正确的态度和方式对待。所以，秦朝灭亡了。

然而历史并没有就此终结，相反，才刚刚开始。

汉武帝

集权主义的铁血盛世

汉武帝,姓刘,名彻,又名彘。汉朝的第七位皇帝。以开创"汉武盛世"而闻名于世。后人常将其与秦始皇并列,有"秦皇汉武"之称。

一个问题:"文景之治"与"汉武盛世"

汉武帝之所以能够开创盛世,和他的多项重大改革是分不开的。一般情况下,只有当国家面临重大危难的时候,统治者才会谋求变革。然而,汉武帝却是在形势一片大好的情况下发动改革的。

在武帝之前,汉朝刚刚经历了著名的"文景之治",到武帝即位时,仍然四海安定,府库充实。但是,武帝并不满足于此,在掌握大权之后,他在政治、经济、外交等领域发动了一系列的改革,最终缔造了属于他的"汉武盛世"。

那么"汉武盛世"和"文景之治"有什么不同呢。同样是国家的繁盛年景,为什么一个叫"盛世",一个叫"之治"? 为什么不叫"文景武之治"或者"文景武盛世"呢?

下面我们就来看一看到底为何。

锐意改革:成功削藩与大兴儒学

汉武帝十六岁登基,二十二岁正式掌权。在真正开始了帝王生涯的同时,其改革之路也悄然启程。在汉武帝一生发动的多项改革措施之中,有几项不仅影响深远,而且为后人称颂。主要有发布《推恩令》、推崇"六经"及完善太学和察举制度。

颁布《推恩令》

我们知道,秦始皇强推郡县制,引起了原先六国各分封诸侯的强烈不满,是导致秦朝灭亡的原因之一。刘邦建立汉朝时,既不想放弃郡县制,也不想重蹈秦朝覆辙,于是采取了折中的策略。他在都城长安附近的地区实行郡县制,在远离都城的地区实行分封制,这才使大汉王朝得以较为平稳地立国。

然而,随着时代的发展,已有的政策已不符合社会现状,矛盾产生了。

汉朝初年,由于连年战乱,国家一贫如洗,江山千疮百孔,百姓当然也相当贫困。这个时候,为了恢复经济,朝廷顺应民心实行休养生息、轻徭薄赋的政策,使民间的农、工、商经济得以自由发展。然而,六十多年过去了,虽然经济确实获得了高度发展,并且吏治清明、四海安定,但各个诸侯的实力也越发强大,有了挑战中央的实力。早在汉景帝二年,就发生过诸侯叛乱的事件,史称"七国之乱",虽然最终被平定,但诸侯对中央的潜在威胁并没有解除。

为了改变这种局面,汉武帝发布了《推恩令》,旨在削藩。具体做法是:命令各诸侯把其封地分给自己的各个儿子,在他们成为新诸侯王之后,把自己的封地再分给自己的各个儿子,以此类推。这样,既没有强烈刺激各大诸侯,又使诸侯的封地越来越小,直至无法对中央构成威胁。此外,汉武帝还建立刺史制度,即派遣刺史到全国各地,监督地方豪强和官吏,防止他们兴风作浪,以中央的名义约束他们的行为。

在这些政策的作用下,汉武帝加强了中央集权,维护了汉王朝的稳定和社会的和谐,也使自己的权力得到了强化。

罢黜百家,表彰《六经》

汉武帝之前的汉朝崇尚"黄老之学",即实行"无为而治"的政策。原因大体有三:第一,经过了连年战乱,人民渴望休养生息;第二,国家贫穷,百废待兴;第三,吸取秦朝暴政导致亡国的教训。在这样的政策下,人民获得了极大的自由,于是社会经济空前繁荣,农、工、商等各个行业都获得了极大的发展。但是,和封建割据一样,放任、无为的治国理念无法满足汉武帝积极进取、有所作为的愿望,他需要新的理论武器帮助自己获得足够的权威,以实现自己的治国理想。

这个时候,儒生董仲舒站了出来。

据《汉书》作者班固的《汉书·武帝纪》记载,董仲舒向汉武帝主张:

"罢黜百家,表彰《六经》。"所谓《六经》,是指《诗》《书》《礼》《易》《乐》《春秋》六部著作,起源于周朝,后由孔子整理,成为儒家典籍。而所谓"百家",有学者认为指除儒家以外的诸子百家,有学者则认为指除《六经》以外的一切异端邪说。总之,董仲舒向汉武帝推荐了以儒家思想为主的治国理念。

然而,仅用儒家思想,并不能满足汉武帝的需求。实际上,汉武帝采取的是"霸王道杂之"的政策,即儒家、法家并重,且并不完全排斥其他学派的文化政策。我们知道,儒家注重以德治国,法家主张以法治国,所以,汉武帝实行的是道德教化与刑罚威慑并举的治国政策。如此,汉武帝从文化上也加强了中央集权。

完善太学及察举制度

太学,即中国古代的国立最高学府。起源于西周,发展于汉初,完善于汉武帝时期。当时,董仲舒向汉武帝建议道:"愿陛下兴太学,置明师,以养天下之士。"就是说,希望陛下兴办太学,招纳贤明的教师,为国家培养栋梁之材。汉武帝予以采纳。从此,汉朝有了完善的人才培养机制。后来,太学不断发展壮大,学生人数从最初的几十人发展到后来的几千人。太学生毕业后,可根据学业成绩的优良,授予不同层次的官职,为国家和百姓服务。而太学生的来源,较为灵活,并不像后世之科举,当今之高考。除了一定级别的官员之子可以入学外,学生可以由民间举荐,也可由名仕、大儒举荐,亦可以由在校师生推荐。这样一来,学生中既有官宦子弟,亦有寒门子弟,学成以后,均有机会成为官员。太学制度在一定程度上维护了社会公平,又促进了全社会学习文化的风气,更重要的是为国家培养了人才,形成了优越于贵族、军人的士人阶级。

和太学一样,察举制度也在汉武帝时期日趋完善。所谓察举制度,是国家选拔官员的一种制度。特点是由社会各界向朝廷举荐贤良者,被举荐者通过一定的考核后,便可进入做官的试用期,通过试用期后,便可正式担任官职。察举的对象,既可以是无官职者,也可是有官职者。代表人物有董仲舒、东方朔等。察举制和太学一样,维护了社会公平,有利于国家招徕贤能之士,虽然后来出现不少弊端,但在一定的历史时期,还是发挥了积极的作用。

毁誉参半:国家主义与连年征战

除了上述三方面外,汉武帝在经济与外交方面还有几项更著名但也更富争议的举措。

命令型的计划经济

当代学者吴晓波在其著作《历代经济变革得失》中谈到:

"(历代经济变革的基本衍变逻辑)一言以蔽之,就是发展与稳定的辩证史……发展经济必须放活民间、实现繁荣,而繁荣日久,地方势力就会坐大,商人就会骄纵,中央权威就受到挑战。此时,便需要进行集权式的变革,加强中央权威和控制力。可如此势必削减地方,侵蚀民间,造成生产力的下降,最终仍会导致政权新一轮的不稳定……若要找出一个可供印证的历史标本,从汉初的'文景之治'到汉武帝变法,最为合适。"

汉朝初年一直到汉武帝即位之前,一直以"无为而治"的理念治国。在经济上,主要表现为鼓励民间自由经商,甚至允许私人铸钱。

据《史记·货殖列传》记载:"汉兴,海内为一,开关梁,弛山泽之禁,是以富商大贾周流天下,交易之物莫不通,得其所欲。"就是说,汉朝建立,天下一统,开放关卡要道,允许商人通行,解除开采山泽的禁令,允许私人经营矿业盐业,无数富商大贾通行天下,所有商品皆可自由买卖,人民可以满足自身的要求。

可见,汉初的经济政策使民间经济获得了高速的发展,市场空前繁荣。《史记》还描述了这样的画面:"民则人给家足,都鄙廪庾皆满,而府库馀货财。京师之钱累巨万,贯朽而不可校。太仓之粟陈陈相因,充溢露积于外,至腐败不可食。"就是说,百姓家家富足,粮食极大丰富,仓库里还有无数财货,京师有钱币亿万,因串钱的绳子腐烂而无法计算,太仓里的粮食不计其数,新粮堆在旧粮上,溢出了仓库,腐烂而无法食用。

以上,便是汉初"文景之治"之一窥。

然而，在经济空前繁荣的同时，问题也随之而来。主要有以下三点：

其一，自由商人阶层崛起，形成一股强大的势力，控制了国家经济命脉。

其二，地方诸侯实力强大，挑战了中央政府的权威。

其三，官商勾结，败坏了吏治和社会风气。

在景帝时期，朝廷试图削弱地方豪强，以加强中央对地方的控制力度。但是，做得并不彻底。

汉武帝即位以后，延续景帝时期的政策，不同的是，他做得更加系统彻底。除了前文谈到的政治上的《推恩令》，经济方面，在桑弘羊的提议下，汉武帝陆续推出了几大改革政策。

第一，统一货币。

文景时期，私人可以铸钱，比如地方诸侯吴濞和邓通，他们大量铸造钱币，因此成为巨富、割据一方。

对此，汉武帝发动了币制改革，把铸钱的权力收归中央，并且用五铢钱统一了货币。

第二，盐铁专营。

文景时期，盐业、冶铁业以及酿酒业等利润丰厚的产业皆由民间商人经营。汉武帝时期则将其尽数收归国有。

第三，均输与平准。

文景时期，商品流通与买卖皆由民间商人经营。

汉武帝时期则改为国家控制，并推出了两大政策：

（1）均输法，即对于各地特产，国家统一按市价收购，输送到没有该特产的地区高价卖掉；

（2）平准法，即国家控制全国的物资及其交易，平衡物价。

通过以上三大方面的改革，汉武帝的中央政权控制了国家的经济命脉和主要的经济领域，把利润丰厚的行业，如铸造业、冶铁业、盐业、酿酒业悉数收归国有。

这样一来，国家的财政收入大幅增加，与此同时，也打击了地方豪强与割据势力，维护了国家的稳定与中央的权威。

然而，在国家经济强硬发展、地方势力被削弱的同时，弊端同样显而易见:民营经济遭到了严重的打击。人民被限制了经商的自由,市场的繁荣景象也一去不返。

但是,汉武帝对人民的掠夺还远没有结束。为了进一步掠取民间财富,汉武帝先后发布了算缗(mín)令与告缗令。

算缗令,即向全国的工商业主、高利贷者一次性征收十分之一的财产税。然而,由于很多富商隐瞒财产数额,算缗令的收效小于预期。

于是,汉武帝又发布了告缗令,即鼓励人民对隐匿财富者进行举报,官府没收后,将没收来的财产分给举报者一半。

这确实是一记重拳,此举一出,全国中产以上的家庭全部破产,社会秩序大乱,有官员反对这一政策,不认真执行,结果汉武帝不惜杀之以推强令。

由此可见,汉武帝一改文景时期放权让利、休养生息的国策,强势壮大官营经济和掠夺民间财富。虽加强了中央集权、遏制了地方豪强,但也使社会凋敝,人民变穷,甚至失去了对朝廷的信任。

汉武帝如此剧烈地聚敛财富,除了要加强中央集权,还有没有其他原因呢?

答案当然是肯定的,否则,汉武帝没必要采取如此极端的措施。

强攻匈奴,打通西域

汉武帝之所以如此需要钱财,一个重大原因是要维持汉朝对匈奴连年的战争需要巨额钱财。

汉朝初立,国力孱弱,无力对抗北方的匈奴。对此,汉朝一方面在外交上采取绥靖政策,尽量委曲求全,甚至不惜以和亲换取和平;另一方面,则大力发展国内经济,迅速增强国力,以求有朝一日一雪前耻。

经过四代皇帝的励精图治,到汉武帝即位时,汉朝已经富甲天下、国力强盛,完全具备了反击匈奴的实力。

雄才大略的汉武帝当然不会坐失良机。

在汉武帝执政的半个世纪里,他与匈奴进行了长达四十四年的战争,并且取得了决定性的胜利。其中有四次战役的胜利意义重大,分别为河南之战、漠南之战、河西之战以及漠北之战。这四大战役依次递进,每次胜利都是为下一次更大的胜利奠定了良好的基础。

多年来,汉军累计消灭匈奴达十五万之多,极大削弱了匈奴的实力,使其再无力量进犯中原。正如《汉书·匈奴传》记载,漠北之战之后,"匈奴远遁,而幕南无王庭"。就是说,匈奴远远逃跑,漠南再也没有单于的王庭了。

此外,除了讨伐匈奴,汉武帝还发动了对朝鲜、楼兰等的战争,也都取得了胜利。

对外军事上的胜利,使汉朝国势到达极盛,不仅征服四夷,大大扩张了版图,还打通了西域,开通了著名的丝绸之路。

这些对外战争的辉煌胜利,无疑是汉武帝的重大历史功绩之一。然而,诚如前文所讲,如此巨大的军事胜利是以掠夺民间财富为支撑的。对此,《汉书》描述道:"(武帝)外事四夷之功,内盛耳目之好,征发烦数,百姓贫耗。"就是说,汉武帝对外追求征讨四夷的功劳,对内追求声色犬马的私欲,又频繁征调民间的人力物力,致使百姓耗损严重,苦不堪言。

此外,在汉武帝后期,刑罚也日益苛暴。据《汉书》记载,武帝后期"穷民犯法,酷吏击断,奸宄不胜",就是说,穷人犯法,严酷的官吏施以刑罚,仍不能使为非作歹者减少。于是,立法者制定更加严酷、峻密的法律,仅死罪就超过一万种。最后连审案的官吏都记不住如此烦琐的法令了。

贫困的生活、沉重的负担、苛暴的刑法,再加上严重的自然灾害,最终导致了人民起义。正如《汉书》所言:"民力屈,财力竭,因之以凶年,寇盗并起。"

至此,我们依稀又看到了秦朝灭亡前的景象。然而,汉武帝和秦始皇不同,他不仅没有像秦始皇一样重蹈覆辙,还完成了一次不算华丽但也令人庆幸的转身。

自我反省:晚年动荡与轮台罪已

执政晚期的汉武帝,应该是很疲倦。也许是以损害人民利益为代价的盛世消耗了他的好运,在他的晚年,命运给予了他一连串的打击。

公元前 99 年,河南南阳爆发激烈的农民起义,波及齐、楚、燕、赵多地。

公元前 92 年,"巫蛊之祸"逼死太子刘据及卫皇后,数万人遭受株连。

公元前 90 年,大将李广利征匈奴失利,兵败投降。

············

公元前 89 年,桑弘羊等人上书武帝,建议在轮台(今新疆轮台县)戍兵以拒匈奴,但此时的汉武帝已不是那个曾经的热血青年,接连的打击以及国家的窘境使他无意继续穷兵黩武下去。

于是,这一次,他不仅没有同意桑弘羊等人的建议,反而开始反思起自己来,他以文字的形式表达了自己的忏悔,史称"轮台罪己诏"。在诏书中,武帝说:"当今务,在禁苛暴,止擅赋,力本农,修马复令,以补缺,毋乏武备而已。""朕即位以来,所为狂悖,使天下愁苦,不可追悔。自今事有伤害百姓,靡费天下者,悉罢之。"就是说,当今最要紧的,是禁止官吏暴虐的苛政,停止擅自增加的赋税,鼓励百姓回归农业生产,恢复为国养马者免其徭役赋税的法令,用来补充战马的损失,不使国家军备削弱……朕即位以来,狂妄悖逆,使天下困苦,追悔莫及。如今伤害百姓、浪费钱财的政策,全部停止。

《轮台罪己诏》的颁布,意味着一代热血男儿激情帝王生涯的结束。辉煌的征战停止了,为天下百姓造成的灾祸,也停止了。汉朝如秦朝一般早亡的可能,也消除了。汉武帝之后,汉朝再次实行与民休息、轻徭薄赋的政策,经过一段时间的恢复,终于再度繁荣起来。

王莽

理想主义的惨烈失败

王莽,字巨君,西汉孝元皇后王政君之侄,新朝建立者。以"篡汉"和"改制"两大事迹而闻名于世。

所谓"篡汉",是指王莽篡夺了汉朝的皇位,建立新朝,取代了汉朝。所谓"改制",指的是王莽当了皇帝后,在政治、经济等各领域进行的一系列重大改革。

虽然篡汉之名并不光彩,而改革最终也以惨败告终,但我们并不能就此将王莽全盘否认。相反,真实的王莽或许是一位真正的理想主义者,只不过因为缺乏智慧,最终导致了极其悲惨的结局。

追求同乐

纵观王莽之改革,大抵可以看出其改革的初衷,本想尽可能照顾到全天下各个阶层的利益。这一点,从他早年的事迹上便可一窥端倪。

王莽本是孝元皇后的侄子,属于皇室外戚,但由于父亲早亡,未获封侯,所以家境并不富裕。正因如此,早年的王莽生活简朴,并不像他的堂兄弟们那样过着富足的生活,因为他的堂兄弟们为既得利益者。

然而,生活虽然清贫,但王莽为人谦逊有礼,对待他人总是无私帮助,慷慨解囊。在家庭方面,王莽孝养母亲,同时照顾亡兄留下的寡嫂和侄儿,对家族其他成员也恭敬有加;社会方面,不管是做官前还是做官后,王莽广交名流,经常帮助甚至接济遇到困难的学者、名士。

后来,王莽进入朝廷做了官,进一步发扬他慷慨无私、谦逊谨慎的风格。

他为官尽心尽责,清正廉洁;

他广交高官要员,谦逊谨慎;

他接济名士学者,竭尽家财;

……

久而久之，王莽的声望日重，官员开始向上级举荐他，民间也传诵着他的美德。他的官职也越做越高。

有一年，王莽的表兄淳于长犯了重罪，王莽大义灭亲，向自己的叔父大司马王根举报。王根查明真相，处死淳于长。后来王根致仕，王莽接任了大司马一职。

此时的王莽作风依旧，更加克己奉公。

他广纳贤才，任命贤良者担任自己的下属；

他慷慨无私，把皇帝的赏赐和部分俸禄送给学者、士人；

他廉洁清贫，同僚拜访他家，竟误把他的夫人看成了仆人……

即便自己的亲生儿子触犯国法，王莽也毫不留情。有一次，他的一个儿子杀死了一个奴婢，王莽命其自杀以正典刑。

如此等等，王莽的声望进一步提高，在朝廷中的地位也越来越高。以至于汉哀帝去世后，手足无措的太皇太后要求王莽进宫代掌国政。

为了表彰王莽对国家的贡献，众臣建议皇室赐予王莽和西汉名臣霍光一样的封赏。这一次，王莽再度表现出他的慷慨无私、心怀万民的态度。

他首先表示代理国政不是他一个人的功劳，要先对其他同僚进行封赏之后，他才接受。接着王莽又表示，要先赏赐国家重臣和开国功勋的后代，并且要让天下百姓达到富足后才会接受进一步的封赏。

在王莽的坚决态度下，朝廷只得下诏，对全国的官员进行赏赐，并且颁布了一系列惠民政策。

这样一来，举国上下无不感谢王莽。

而王莽继续扩张着他的惠政，比如，他看到还有百姓生活贫困，就建议太后降低日常费用，做天下的榜样；有地方受灾，他带头积极赈灾，并且减免税赋；他还网罗天下名士学者，扩张太学，并提供丰厚的政府补贴……

谋求权力

综上所述,不难看出王莽安邦济世的追求。然而,大司马的权力并不能满足王莽的需求。王莽要彻底实现自己的治国抱负,只能争取更大的权力——做皇帝。

而命运也并没有阻挠王莽的进取。公元6年,汉平帝去世,王莽扶持年仅两岁的刘婴做自己的新傀儡,而他本人直接做了"摄皇帝"。不久,通过一些政治手段,王莽最终结束了西汉,建立了新朝,成为名副其实的皇帝。

全面改革

王莽做皇帝之前的汉朝已经腐朽不堪。政治腐败,地方搜刮盘剥,土地兼并严重,农民大量破产……现在王莽做了皇帝,终于可以实践他的理想,历史上著名的"王莽改制"就此开始。

王莽的改制主要体现在土地、财政、货币以及政治、外交等各领域。

土地革命

王莽对土地制度的变革确实可以用"革命"一词来形容。

井田制废除以来,中国一直实行土地私有制度。在生产力不发达的时期,土地私有制可以促进人民劳动积极性,促进经济发展。然而,随着生产力的发展,实力雄厚的地主就会不断兼并贫农的土地,再加上吏治腐败、官商勾结等因素,就造成富者更富、贫者更贫的两极分化现象。

西汉末期的状况就是如此。针对这种情况以及自身的儒家理想,王莽发动了土地的全面国有化改革:

全天下的土地都更名为"王田",私人只有使用权,而不准买卖。并且严格规定私有土地面积:男丁少于八口的家庭所拥有的土地面积不准超过一井(九百亩),超过的部分必须分给无地少地的农民。

财政改革

王莽在财政上的改革实际上是全面恢复了汉武帝时期的官营控管政策。

我们知道,汉朝文景时期实行的是自由放任的市场经济政策,而武帝时期为了增加国家财政收入、削弱地方豪强,就实行了盐铁专卖、均输平准等国家控管政策,后因社会凋敝,人民贫苦,又放开管制,休养生息。

然而到了西汉末年,市场自由放任的后果愈发严重,经济命脉被地方豪强垄断,既使国家收入减少,又妨碍了市场经济的良性发展。针对这些弊端,王莽学习武帝的政策措施,再次实行官营控管政策,即"五均六筦(guǎn)"。

"五均"是指在长安、洛阳等全国主要城市设立五均官,名曰"五均司市师",其主要工作如下:

(1)调节物价;

(2)调控市场供求,如某种货物滞销,则低价收购,涨价时则高价卖出;

(3)办理赊贷,即向社会发放贷款;

(4)征收各种杂税。

而"六筦",指政府管控的六大经济行业,即:

(1)实行盐业、铁业、酿酒业官营专卖;

(2)铸钱业再次收归国有;

(3)国家征收"山泽"税、经办五均赊贷等。

币制改革

西汉初期,私人可以铸钱,后果是币制混乱,地方势力做大,国家收入减少。后来汉武帝经过历时二十七年、六次币制改革,将铸钱权收归国有,一举解决了上述问题。

然而武帝之后,直至西汉末年,汉初的币制乱象再次出现,而且更加严重。对此,王莽也发动了币制改革,旨在限制民间私铸钱币、稳定市场,抑制通货膨胀。

政治改革

王莽旨在恢复儒家推崇的周代政治体制,他按照周朝的旧规修改了很多官位的名称,重新分封很多诸侯。此外还依据古籍修改了很多地名。

奴婢制度

王莽废除了奴隶交易,旨在提高人权水平。

外交政策

王莽以《礼记》讲的"天无二日,士无二王"为原则基础,一改西汉中期以来对待周边各民族政权的平和态度,志在彰显中原王朝的尊大地位。比如将西域的"王"改封为"侯",将高句丽改为"下句丽"等。

背离现实

土地改革背离社会实际

王莽的土地改革,宗旨是想缩小贫富差距,使"耕者有其田"。但这严重触犯了地主豪强的利益,又没有有效的监督和执行力度,所以地主豪强并没有交出多少土地,无地少地的贫民也没有真正获得土地,而侥幸获得一些土地的农民,也因其为"王田"而非"私田"而心怀不满。所以,土地改革没有获得任何阶层的支持。公元 12 年,在朝野的一片反对声中,王莽被迫恢复了土地私有制。

"五均六莞"没有收到预期的效果

王莽改制本意在控制物价、调节市场、缩小贫富差距以及增加政府收入。然而,由于没有有效的监督和管控机制,被任用推行改革措施的富商大贾和行政官员串通一气,营私舞弊,侵蚀公款,压榨百姓,这样一来,不但没达到预期,反而使情况更加糟糕:一方面私营经济被打压,人民负担更重;另一方面国家财政收入也没有增加。

货币改革弄巧成拙

汉武帝历时二十七年,稳步推动六次币制改革,可谓循序渐进,顺势而为。然而王莽在短短七年间就发动了四次币制改革,不仅改制频繁,而且币种繁多,兑换比值也不合理,最终不仅没有削弱豪强,反而使市场更加混乱,人民更加贫困。

奴婢制度改革同样失败

虽然王莽本人同情奴婢阶层,例如当年自己的儿子杀死了一个奴婢,他便命令儿子自杀。但是行政手段是无法对抗社会经济规律的:虽然王莽下严令禁止奴婢交易,但官僚地主们私下进行的交易并未停止,由此也造成大量参与交易的人员被处以重罪,加深了阶级矛盾。最终,和土地改革一样,奴婢交易的禁令也被解除。

政治和外交改革不切实际

或许我们可以承认王莽是个爱国的民族主义者,但他的行为最终又得到了与初衷相反的结果。他想澄清吏治,改善官场,却食古不化,用古籍中遥远年代的制度改造当下;他想重振大汉国威,不惜打破汉朝与邻邦长久以来的和平,导致危机四伏。最终导致官民厌恶、官制混乱,边境冲突不断,外交失败。

改革失败

土地改革,王莽得罪了地主和贫民;财政改革,王莽滋养了贪腐,侵蚀了民间利益;货币改革,致使全民深受其害;奴婢制度改革,也没有收到成效,反而增加了混乱;政治、外交改革,不仅徒劳了国内,还侵扰了邻邦。

在做皇帝之前,王莽致力于满足社会各个阶层的利益,做了皇帝后,他的各项改革措施也都旨在造福天下万民。然而,最后的结局却是完全相反。

在王莽执政的后期,全国各地的人民起义已经风起云涌。公元 23

年,起义军攻破了长安,虽有忠臣誓死保卫,但王莽终究难逃被杀的命运。随着王莽被杀,新朝也随之灭亡,国祚仅十五年。

反思借鉴

在古典书籍中,王莽多以"篡汉"者的负面形象存在。而到了近代,不少学者认为,王莽其实是一个超越他所处时代的社会主义者。

现在看来,王莽虽然篡汉,但却不是完全为了一己私欲,他登基后所做的一切,就是最好的证明。虽有人说篡位之前的王莽,之所以道德上毫无瑕疵,就是为了骗取皇位。但是,伪装,固然可以瞒得过一时,但几十年如一日的伪装,又如何做到呢?

另一些声音认为,王莽以一介儒生的身份开创新朝,君临天下,实属不易,他的理想是社会公平无瑕、天下大治,只不过在实践的时候,过于草率和天真了。

然而,无论事实如何,斯人已逝,我们已无须详细追究。

综上所述,王莽失败可归结为九个字:不切实际的理想主义。

具体来讲,可归结为其改革的五大失衡。

第一,经济制度改革与政治制度改革的失衡。

和汉武帝的改革一样,王莽的改革旨在加强中央集权。然而,武帝即位时,"七国之乱"早已平息,《推恩令》的颁布也巧妙地解决了诸侯割据的问题,汉武帝的中央政权变得异常强大,这使政令可以顺畅有力地执行。

反观王莽,以外戚身份取汉而代之,本身就不具备合法性,反对者众多,推行强有力的中央集权是难以做到的。

第二,改革与人民需求的失衡。

首先,王莽的改革阻碍人民的物质需求:

(1)变私田为公田,不仅得罪地主豪强,即使是得到分地的农民,也因为不属于自己而难有满足与热情;

（2）取消奴婢交易，虽然旨在提高妇女地位，保护人民尊严，但也使各阶层失去了利益来源渠道；

（3）经济上的官营化阻碍了人民经商谋利的需要。

其次，王莽的改革没有得到人民共识上的支持：汉武帝搞官营化、与民争利，有一个伟大的理由，就是抗击匈奴，保卫国家，人民乐于接受。反观王莽，边境安定，却无事生非，劳民伤财，可谓荒谬。

第三，官营化改革与社会客观条件的失衡。

经济上的官营化改革，之所以可以提高政府收入，其目的并非提高社会生产力，而是社会财富的重新分配，即把工商业的利润从民间转向政府。这就需要一定的社会客观条件：汉武帝时期，汉朝刚刚经历经济空前繁荣的文景之治，民间财富充盈，易于剥夺。

反观王莽时期，社会凋敝，经济命脉被官商一体的地方豪强垄断，又没有强有力的中央集权，改革自然难以成功。

第四，改革任务与其执行者能力的失衡。

伟大的改革需要坚强的领导者与精干的执行者。依然用汉武帝做比较：武帝本身是强有力的独裁者，在他的改革中有效地任用能臣及酷吏，并有计划经济专家桑弘羊四十余年的忠心辅佐。

反观王莽，本身用人多疑，又频繁换帅，缺乏一支忠诚有力的执行团队。"五均六筦"时期他任用的商人和官吏沆瀣一气，不仅无助于改革，反而成了改革的掘墓者。

第五，王莽改革与历史潮流的失衡。

天下大势，顺之者昌，逆之者亡。王莽显然属于后者。

比如，王莽具有顽固的复古思想，不仅土地制度上追求陈旧的公有井田制，在政府机构的设置上也一味复古。岂不知旧的制度早已不适合彼时的社会现实，如同李悝的《法经》并不适合于当代一样。

最后，综合来看，无论是政治制度、人民需求、社会财富条件还是王莽及其部下的能力,抑或历史潮流,都可以归结为王莽时期的"现实"。

千年以后,对于人们着重强调的"现实问题",王莽身为帝王却置之不理,他的失败也就不足为奇了。

陈群

九品中正制创建者

陈群,字长文,颍川许昌(今河南许昌)人。三国时期著名政治家、曹魏重臣。在历史上,陈群以创建"九品中正制"的选官制度及制定《魏律》而闻名。

一方名臣

陈群幼时便显露才能。爷爷陈寔(shí)常常惊异于这个孙子的才智。陈寔常对同族的父老说:"这个孩子将来一定能振兴我们的宗族。"

当时,鲁地的孔融很有才学,为人高傲,年纪在陈群和陈群之父陈纪之间。他先与陈纪交友,又与陈群结好,于是改拜陈纪做长辈,陈群因此而扬名。

刘备掌管豫州时,征召陈群做别驾(古代官职名)。当时陶谦病逝,徐州的官绅就迎接刘备接管徐州。刘备打算前往,但陈群劝阻他说:"袁术还很强大,主公若现在前往徐州,必定会与其相争。吕布如果袭击主公的后方,主公即便得到徐州,事情也不一定能成功。"

刘备没有听从陈群的建议,执意前往徐州,并与袁术发生交战。结果,吕布果然袭击下邳,派军援助袁术,大败刘备的军队。刘备这才后悔没有听从陈群的建议。此后,陈群被举荐为茂才,授任柘令(一种官职),但他没有接受,而是跟随父亲陈纪到徐州避难去了。吕布失败后,曹操征召陈群任司空西曹掾属(官职名),陈群从此加入了曹魏政权。

当时,有人推荐乐安人王模、下邳人周逵,曹操征召了他们。陈群劝曹操不要征召,认为此二人道德败坏,早晚会败亡。曹操未予采纳。后来王模、周逵果然因为非作歹而被杀,曹操和刘备一样,后悔没有听从陈群的建议,还向他道了歉。

陈群推荐广陵人陈矫、丹阳人戴乾,曹操任用了他们,后来吴人造反,戴乾坚持忠义,以身殉职,陈轿后来则成为很有名望的大臣。世人因此赞叹陈群慧眼识人。

后来,陈群被授任萧地、赞地、长平等地的县令,后因父亲去世而离职守孝。孝期满回到官场后,陈群政绩优越,担任治书侍御史等职。曹魏朝廷建立后,升任为御史中丞。

后来,陈群担任侍中(官职),兼任丞相东西曹掾。他为官时,不偏不倚,不分厚薄,崇尚道义。魏文帝曹丕在做世子时,对陈群十分敬重,以友待之,常感叹说:"自从我有了陈群,就像孔子有了颜回,门人对我一天比一天亲近。"

等到曹丕登魏王位,便封陈群为昌武亭侯,转任尚书。在尚书任上,陈群制定了"九品官人之法",被曹丕所采纳,这就是我们今天所说的"九品中正制"。

九品中正制

对于"九品中正制",我们不得不加以重点说明。因为在此我们说的是改革家身份的陈群,而"九品中正制",就是陈群创立的一种改革官员选任制度的办法。

察举制及其弊端

在陈群改革之前,中原王朝的选官制度是"察举制"。它起源于汉武帝时期,所谓"察举",即考察举荐之意。是由丞相、列侯、二千石(包括中央九卿及地方郡国守相)等高级官员,或者由中央派遣的特使访察其下属的人才,向皇帝推荐举送的一种制度。

察举制曾经是一个先进的选官制度,表现在三个方面。

其一,察举制所含科目很多,涵盖了国家所需的各种人才,选拔的范围也较广,为有才干的士人提供了较多晋身仕途的机会。

其二,相对而言,察举制度执行严格,对举主和被举者均有赏罚,特别是举主,不得不谨慎行事,因而减少了滥竽充数的情况发生。

其三，也是最重要的，就是选拔与考试相结合，这便为被举者提供了公平竞争的舞台，使真正优秀的人才有脱颖而出的机会。

在察举制度下，汉朝一度呈现出"群士慕向，异人并出"的壮丽景象，使汉王朝成为当时的世界文明强国。

然而，有什么制度可以长久不变呢？到了后来，尤其是东汉后期，察举制的弊端渐渐显现了出来，也表现在三个方面。

其一，是察举者以私意举人。察举制度使中央和地方的行政首长拥有荐举人才的权力，而取舍之间，并没有较客观的具体标准，因此举主就很容易凭自己的主观意志取人。他们常凭自己的喜怒爱憎，取一些阿谀奉承、听话、能报私恩的平凡常士作为察举的对象，对此种选用不公的现象，当时人们就有尖锐的评论："郡国举孝廉，率取年少能报私恩者，耆宿大儒，多见废弃。"

其二，是权贵们的请托。察举既是人们步入仕途的正常途径，有权势的贵族公卿就会凭借其社会地位替自己的子孙、亲戚和朋友请托、行贿，察举者碍于情面和权势，也就不得不违心地把名额送给请托者。

其三，是士人的钻营。郡国的察举有一定的名额，政府机构有经常的设置，官吏也有一定的常员，在求者众多的情况下，士人们为争取到被察举的资格，势必不择手段。这就影响了正常的人才选拔和吏治的清明，造成士人不务根本，唯求浮华虚声的社会风气。到了东汉末年，愈演愈烈，终于成为促成东汉灭亡的又一个因素。

可见，虽然察举制在汉朝初期起到了推动历史进步的作用，但到了东汉末期，它已经不符合社会进步的需要了。此外，东汉末年天下大乱，人民流离失所，这也使察举制失去了存在的条件。"九品中正制"就是在这样的时代背景下应运而生的。

九品中正制

"九品中正制"起源于曹操时代，成熟于陈群的完善与曹丕的推行。那么什么是九品中正制呢？

所谓"九品"，就是将察举对象分为上上、上中、上下、中上、中中、中下、下上、下中、下下九等，朝廷按等录用；"中正"是官职名，由朝廷推选在朝官员中有声望的人担任，负责对各州、郡士人品级的评定。人才选拔的权力完全被中正一个人控制。

中正官负责对所辖人物进行推选，方式是"评定"，而非"考试"。他们筛选人物一般有三大标准：

一是看家世，即家庭出身和背景。

二是看行状，即对被选之人德行和才能的评价。

三是评级，即分出上中下品，决定对被选之人授官的等级。

中正官一般是以孝廉、秀才两种名义向朝廷荐举人才。按照习惯，孝廉侧重于品行端正、精通儒家经学，秀才则突出于文学写作才能优异。当然，在凭借门第才能中选的时代，那些被推举为孝廉、秀才的人，未必有真才实学。

九品中正最初是想选择州郡中那些具有鉴别经验的专家来选拔人才，在实施的最初仍然是以品德测评为重，其标准主要是忠恪匪躬；孝敬尽礼；友于兄弟；洁身劳廉；信义可复；学以为己等。

中正官就是按照这些标准把人分为三等九级，即"九品"的。然后，根据评定的等级向吏部推荐，依品授官，高品授大官，低品授小官，士人品第评定后，根据实际表现可升降进退。中正评议人物每三年调整一次，同时，中正对所评议人物也有随时予以升品或降品的权力。一个人的乡品升降后，官品及居官之清浊也往往随之变动。此外，为了提高中正的权威，政府还禁止被评者诉讼枉曲。但中正如定品违法，政府也要追查其责任。

由此可见，"九品中正制"是一种可以应对东汉末期察举制度流弊的选官制度。它以"九品"论人才，吏部根据中正官所核定的人才调查表和评语来斟酌任用，分别黜陟，这样一来，官吏之任用与升降就有了一个较为客观的标准。

实施结果

其一，九品中正制实施之后，曹魏的吏治随之清明，这为曹家的统治奠定了坚实的基础。

其二，由于政府在选择中正时较为慎重，所以当时的中正多为"德充才盛""有识鉴"的人，沈约在《宋书·恩幸传序》中评此制是"盖以论人才优劣，非谓世族高卑"，可见，最初将人才分为九等的目的是辨别人才的优劣而不是定士族的高低，所以，此制实施后，迅速改变了东汉后期士族党朋操纵举荐的旧状，选拔了许多俊秀之士，斥退了不少不学无术之人，给当时社会带来了生机，一时收到了"儒雅并进"的积极效果。

不过，和汉代察举制一样，九品中正制虽然在创立之初起到了推动社会进步的作用，但到了后来，也出现了种种弊端。

曹魏后期，九品中正制很快就被势力强大的豪门世族所把持。这些豪门大族世代为官，占据了所有的高官显职，各级中正官的任免也全由他们操控，中正的权力日趋膨胀，与权贵勾结，随意升降士人品级，导致选举败坏，名不符实，只看门第、不问才德的情况渐渐普遍。权贵子弟依仗其家庭地位及社会关系，很容易获取名声，位列上品，而若干不良的中正官更逢迎权贵、徇私舞弊，导致权贵在这种制度下占尽了便宜。此外，魏时大臣子弟不必由中正官推举即可任官，而寒士进身之阶则完全操在中正官手中，他们自然没有与权贵抗衡的力量。这样一来，九品中正制也沦为了巩固门阀政治、阻塞人才的工具，又形成了"上门无寒门，下品无势族"的格局，对当时的社会形成了消极的影响。

总体来说，九品中正制在创制之初，确实曾补救了察举制的流弊，这是陈群对历史的贡献。然而，新制设立不久，又弊病丛生，或发生变质，反而成了阻碍社会进步的制度，这是九品中正制的历史局限性。

后来，到了隋朝时期，隋炀帝颁布了更为先进的科举制度。从此，在中国历史上存在了四百多年的九品中正制，终于退出了历史舞台。

制定《魏律》

除了推行"九品中正制"，陈群还制定了曹魏律法，即《魏律》。

秦汉时期，律法烦冗复杂。魏明帝曹睿即位后，于太和三年（229年）下诏改定刑制，由陈群、刘劭等担任此项工作。

《晋书》记载，《魏律》是对秦汉法律的继承和修改。相比于汉律，《魏律》作《新律》十八篇，其篇名分别是刑名、盗律、劫略、贼律、诈律、毁亡、告劾、系讯、断狱、请赇、兴擅、乏留、惊事、偿赃、户律、捕律、杂律、免坐。又将《法经》中的"具律"改为"刑名"，置于律首，体现了对法律原则的重视。

在内容上，《魏律》将维护官僚贵族特权的"八议"制度正式列入法典，又取消了汉律中的宫刑，缩小了族刑连坐的范围，将法定刑分为死、髡、完、作、赎、罚金、杂抵罪七种。

《魏律》一经颁布，便成为三国时期最有影响、最具代表性的法典，推动了我国法律制度的进步。这也是陈群的历史贡献。

曹魏重臣

谈完了"九品中正制"和《魏律》，我们回过头来再说陈群。

当时，曹丕登基为帝后，继续重用陈群，任命他为尚书仆射，加授侍中，后转任尚书令，晋升为颍乡侯。

曹丕征讨东吴，派陈群兼任中领军。曹丕返回时，授予陈群符节，统领都督水军。回到许昌后，又任命陈群为镇军大将军，兼任中胡军，统领尚书事。后来，曹丕病倒了，陈群和曹真、司马宣王等一同接受遗诏辅佐朝政。

魏明帝继承了皇位，继续重用陈群，封他为颍阴侯，增加食邑（封地及劳动力）五百户等。不久，又任命陈群为司空，继续统领尚书事。

担任要职期间，陈群在朝政中继续发挥重要的作用。

比如，魏明帝刚刚亲政时，陈群上疏阐述推崇德政、施行教化、体恤百姓的重要性。他说："《诗经》称'只有效法周文王，万国诸侯才会信服'，又说'先做妻子的表率，再推广到自己的兄弟，然后才能治理好宗族乃至国家'。治国的道理亦是如此，先从近处开始施行，然后才能够在天下普施教化。自从汉末战乱以来，战争一直没有停止，百姓不懂国家教化的根本，恐怕已到了极点。陛下此时正值我大魏的鼎盛时期，继承太祖、高祖的基业，只有推崇德政，施行教化，体恤百姓，那么才是百姓的幸运。而大臣们随声附和，不分是非，是国家的大患。如果大臣们不和睦就会形成敌对的集团，从而就会互相诋毁或称赞，事情就弄不清真假，不能不防备这一点，要想办法杜绝这种情况。"

太和年间，大将曹真打算兵分数路攻打蜀国，从斜谷攻入。对此，陈群认为"太祖以前到阳平攻打张鲁，多收豆子麦子补充军粮，可是张鲁还没攻破，军粮却已不够。现在军粮筹措没有保障，且斜谷险要，进退两难，运送粮草一定会被敌人拦截，而若多留士兵把守要地，就会使参战的士兵减少。这些不能不多加考虑。"魏明帝听从了陈群的意见。

曹真不肯罢休，又上表要从子午道攻击蜀国。陈群又陈述说这不合适，且提了一些建议。魏明帝下令将陈群的表章交给曹真，曹真按陈群的建议率军出发。行军途中遇到大雨，陈群建议大军返回，魏明帝再次听从了他的意见。

青龙年间，朝廷因营建宫室，而使百姓错过了农作时节。对此，陈群上疏说："大禹继承尧舜的盛世，仍然居住在简陋的宫室内，穿粗劣的衣服，何况现在是战乱之后，百姓人口极少呢。和汉朝文景二帝时期相比，现在的情况还不超过当时的一个大郡。再加上边境战乱不断，将士们都很辛苦，如果发生水灾、旱灾等，就会成为国家的大患。况且吴蜀两国没有消灭，国家也不得安宁。应该趁吴蜀两国没有出兵进犯，就训练军队，鼓励农耕，做好对付敌人的准备。现在放弃这些当务之急而营建宫室，臣担心百姓会更加困苦，那我们依靠什么对付敌人呢？以前刘备从成都到白水，修建了很多传舍，劳民伤财，太祖知道他这样做是使百姓疲惫的。现在我们魏国若是劳役百姓，那也正是吴蜀两国希望看到的。这是关系到国家安危的事情，希望陛下慎重考虑。"

一开始，魏明帝并不赞同，他说："建立王业和营建宫室，也应该同时完成。消灭吴、蜀后，应当罢兵守城，怎能再兴起劳役呢？所以您的指责，和萧何督建未央宫差不多。"

陈群则说："秦末汉高祖只和项羽争夺天下，项羽失败后，宫室都烧毁了，因此萧何修建武库、太仓，这都是那时亟须办理的事情，然而汉高祖还是批评他把宫殿修得太华丽了。现在吴蜀二国还没平定，实在不能和古代简单对比。人要做某事，没有找不到借口和理由的，况且您是天子，没有谁敢违抗。以前想拆掉武库，说是不能拆，后来又想建造武库，说是不能不建。如果一定要修建宫室，自然不是臣子的言语就能改变您的主意的。如果能让您回心转意，那也是臣子所做不到的。当时，汉明帝打算修建德阳殿，钟离意劝阻，汉明帝立刻予以采纳，后来才修建。大殿完工后，汉明帝对大臣们说：'钟离意要是还在，这个大殿就修不成了。'可帝王怎会害怕一个臣子呢？是为了百姓罢了。现在臣却不能使陛下稍稍听从臣的意见，比起钟离意可是差得远了。"魏明帝于是减少了宫殿的建设。

可见，陈群在朝廷中占有举足轻重的地位，皇帝多采纳其建议。除此之外，陈群还是一个心胸坦荡、谦虚谨慎的人。

曹操在世时，刘廙（音同"易"）因弟弟和魏讽共同谋反而获罪，依法本应判处死刑。陈群向曹操为刘廙说情，曹操说："刘廙是有名望的大臣，我也想赦免他。"于是恢复了刘廙的职位。刘廙很感激陈群，陈群说："商讨刑罚是为了国家，不是出于私情，况且赦免你是明主的决定，我没有什么功劳。"陈群的谦逊作风由此可见一斑。

青龙四年（236年），陈群去世，谥号靖侯。魏明帝追思陈群的功德，于是分出陈群的食邑，将他的一个儿子封为列侯。

刘裕

锐意改革为『元嘉之治』奠基

刘裕,字德舆,小字寄奴,彭城县(今江苏徐州)人,汉代楚元王刘交之后。东晋大将,以两度北伐、建立刘宋而闻名后世。

刘裕本是局中人

讲刘裕,要先从更远的古代讲起。

春秋战国时期,周王室衰落。于是中原大地诸侯并起,混战不休。

后来秦国崛起,征服六国,统一了中原,并且取消了导致周朝分裂的分封制,推行了郡县制,历史上第一次形成了统一的中央集权王朝。

然而好景不长,秦朝灭亡。新兴的汉朝在其早期部分恢复了分封制,于是随着经济的发展,诸侯逐渐崛起,中央的权威和国家的统一再次受到了威胁。此后,汉景帝和汉武帝先后削藩,平定叛乱,加强了中央集权。然而武帝之后,中央疲敝,地方豪强又逐渐强大起来。

西汉末、东汉初,王莽和刘秀先后重拾武帝的政策,试图打击豪强,重树中央权威,然而彼时世族门阀已成气候,难以撼动,中央集权的愿望便一直没有实现。

东汉末年,天下大乱,朝廷无力平定,就下令各地方诸侯自行募兵,镇压农民起义。最终起义被悉数镇压,但各地军阀已然形成气候,他们拥兵自重,各自为政。于是天下再次分裂,进入了三国两晋时期。

西晋曾短暂统一了全国,但好景不长,先是"八王之乱"使晋朝元气大伤,没过多久,异族又纷纷起兵入侵。最终晋室南渡,建立了偏安的东晋王朝。北方则沦陷于异族的统治。

不管是三国还是西晋时代,各个政权的建立都离不开士族门阀的支持。而随着晋室的南渡,士族门阀阶层的势力也走向了顶峰。东晋王朝的政权便自始至终都把持在王、谢、桓、庾这四大家族手中。而王氏、桓氏更是先后多次叛乱,试图篡晋。

此时本篇的主人公刘裕登场了,他先是平定了东晋的内乱,统一东南,接着又两度北伐,功勋卓著,最后,刘裕篡取皇位,建立宋朝。自此东晋灭亡,南朝开始。

又一轮的兴衰更替即将上演。

从前文的叙述中,我们不难看出,刘裕称帝之前的中国历史,实际上是一部统一与分裂的交替史,正所谓"天下大势,分久必合,合久必分"。然而,这个众所周知的历史规律,它产生的原因是什么呢?

当代学者吴晓波认为,此种现象乃是社会中四大利益集团博弈的产物。

所谓四大利益集团,即中央政府、地方官府、有产阶级和无产阶级。当这四大阶层的利益分配较为均衡的时候,国家稳定,四海升平。而当利益分配不均衡时,轻则社会混乱,重则发生动乱甚至政权更迭。

比如,东周时期,中央孱弱,地方(诸侯)壮大,于是周朝的统治名存实亡,最终改朝换代。

秦朝的时候,中央无比强大,其他阶层痛苦不堪,于是发生起义,秦朝灭亡。

汉初,中央较弱,地方(诸侯)壮大,于是发生了"七国之乱";最终叛乱平定,中央集权加强,国家复归稳定;到了武帝时期,中央太过强大,其他阶层深受其害,犹如秦朝,于是又发生了农民起义。

此后,西汉、东汉无不间接或直接亡于中央弱小、士族门阀强大、农民起义抑或地方割据。

三国时期,中原大地战乱频繁,分裂的局面使各个阶层皆深受其害,无不渴望统一和稳定。最终天下统于魏晋,迎来短暂的和平。然而,随着晋朝发展,中央权威变弱小,地方及有产阶级(诸侯及士族门阀)强大,他们把持朝政,甚至互相残杀,结果导致异族入侵,晋室南渡,最终被功高盖主、势力最大的刘裕所灭。

刘裕建立南朝宋的时候,地方势力和有产阶级势力依然强大。这些地方势力和有产阶级势力在当时,就是所谓的士族门阀阶层。

所谓士族门阀,是指"在社会上具有特殊地位的官僚士大夫结成的政治集团"。这些人"在价值观上一切以家族利益为重,国家意识淡薄,对中央政权缺乏忠诚度"。换句话说,就是特权阶级。

在特定的历史时期,士族阶层虽然在社会发展、文化传承以及抵抗外敌方面起到过一些积极的作用,但是,他们对上威胁中央政权,对下压榨百姓,是国强民富的巨大障碍,是自东汉以来中原政权疲弱的重要原因之一。

对此,刘裕当然心知肚明,所以在称帝之后,他发动了一些具有针对性的改革,以缓解士族门阀对社会的危害。

锐意改革削贵族

刘裕的改革主要包括在政治上打击士族门阀、在经济上打击士族豪强、与民休养生息以及大兴教育等四大方面。

第一,在政治上打击士族门阀。

这包括两个方面:

(1)肃清吏治。对官场上的"骄纵贪侈,不恤政事"者,轻者开除、严惩,重者处斩,无论是名门望族、皇室后代还是刘裕本人的功臣、亲信,一律一视同仁。

(2)重用寒门。东晋时期,中央及地方政务大权一直掌握在王、谢、庾、桓四大家族(他们就是士族门阀)手中,选拔官吏主要依据门第出身高低,出现了"下品无高门,上品无贱族"的现象,选出的官吏多是平庸无能之辈。

刘裕掌权后,颁布政令改变这种状况,要求按照九品中正制初置时的精神(即除了门第之外,还要考察品行及能力)选拔人才。刘裕重用出身"寒微"的人,代表人物如刘穆之、檀道济、王镇恶、赵伦之等。

第二,在经济上打击士族豪强。

经济上改革的主要措施为继续"土断法"。

自晋室南渡以来,由于北方地区被外族占领,民不聊生,大批汉族人民逃往东晋。其中,为了安置南下的北方士族,东晋政府为其专辟"侨置郡"。

侨置郡皆以北方地名命名,生活在其中的北方士族,其领地没有界限,徭役、税赋、兵役全免,属于特权阶级。

有了这些特权,北方士族们广造田园,招募仆役,大力发展经济,大量兼并土地。他们还垄断山泽,禁止人民开采,从而导致社会贫富差距悬殊,也引起了南方本地人的强烈不满。

为了缓解社会矛盾,刘裕继续推动在东晋时期就施行过的"土断法",即把侨置郡并入当地的普通郡县,统计其人口,取消其特权,使他们与本土人民一样纳税、服徭役、服兵役;解除他们对山泽的垄断,使人民可以自由开采、经营;严惩抗拒改革的顽固分子,杀一儆百。

第三,轻徭薄赋,休养生息。

这主要包括两方面:

(1)轻徭薄赋。刘裕下令减轻人民的赋税、徭役,禁止地方官盘剥压榨百姓。

(2)废除严苛的刑罚。刘裕下令"刑罚无轻重,悉皆原降",就是说,无论是轻罪还是重罪,一律减轻惩罚。

第四,大兴教育。

这主要包括兴办学校、培养人才、为国家储备儒官等。

帝王身后亦是局

刘裕的改革具有积极的意义。

其一,政治上打击士族门阀,减少了他们对国政的干扰,裁减了贪官、庸官,澄清了吏治,提高了政府的权威和官员的质量。

其二,经济上打击士族豪强,减少了他们对经济的垄断、对百姓的压榨,受到南方原居民的热烈欢迎,缓解了社会矛盾。

其三,轻徭薄赋、废除酷法,有利于经济发展,并减轻了人民的负担和痛苦。

其四,兴办教育,促进了全社会的学习风气,传承并发展了汉文化,为国家培养了人才,对稳定政权起到了积极作用。

但刘裕却没有机会亲手将这项改革完成。他在称帝的第三年,即

422年就去世了,享年五十九岁。此后,新即位的宋少帝在宫廷斗争中被杀。刘裕第三子刘义隆即位,是为宋文帝。

宋文帝是个有为之君,即位后,他继承了父亲的遗志,继续推动改革。在他的治理下,宋朝蒸蒸日上,经济快速发展,百姓安居乐业。由于文帝年号"元嘉",后世就把这段时期称作"元嘉之治",是南朝时期的第一个治世。至此,刘裕生前的努力也算有了结果。

然而,比起治国,宋文帝在外交上并没有获得像父亲的成功。他于元嘉七年和元嘉二十七年的北伐均以失败告终,不仅没有收复寸土,还使国力大大受损,"元嘉之治"也随之结束,着实令后人叹息。

宋文帝的结局也相当可悲。453年,太子刘劭杀死文帝,弑父称帝。刘宋王朝绵延二十六年的皇室内部残杀就此拉开了序幕。479年,权臣萧道成篡宋称帝,建立齐朝。至此刘宋延续六十年的历史就此终结。

刘宋是中国历史上南北朝时期南朝的第一个朝代,为了使读者看得更加明白,在此再简单地介绍一下所谓的南北朝时期。

316年,西晋灭亡,先后产生过十六个国家,史称"十六国"。同一时期,晋室南渡,偏安东南,是为东晋,与北方各民族对峙,所以这一时期又称为"东晋十六国"。

386年,鲜卑族拓跋氏统一北方,建立北魏王朝,使北方率先进入北朝时期。

420年,刘裕篡晋,建立宋朝,南方也进入南朝时期。

由于南朝与北朝长期共存,所以后世把这一段时期称作"南北朝",或与此前的魏、晋两朝共称为"魏晋南北朝"。

刘裕建立的宋是南朝的第一个朝代。与前代相比,它在政治、经济等方面试图改变士族门阀控制朝政的旧习,也取得了一些成效,不仅在一定的时期内保证了国家的和平与稳定,也使经济得到了发展,并为后人开创有名的"元嘉之治"奠定了基础。

然而,旧制度的存在自有其社会经济基础,要彻底革除,并不是一朝一夕就能做到。在刘宋之后,南朝又经历了齐、梁、陈三朝,其间,士族门阀制度进一步衰落。

　　之后,隋朝再次统一了中国。此后,隋朝统治者吸取前人的经验教训,在政治和官吏选拔制度上进行了重大的历史创新,进一步打击并取代了没落的士族门阀制度,中国的历史也进入了一个全新的时期。

魏孝文帝

汉化改革第一人

北魏孝文帝，原名拓跋宏，汉名元宏，鲜卑族，汉文化崇拜者，南北朝时期北魏的第六代皇帝，以发动"孝文帝改革"及开创"孝文帝中兴"而闻名于世。

英雄不问出身

孝文帝是鲜卑族人，这使他在我们的改革家系列中成为一个特殊的存在。

鲜卑族拓跋部自黑龙江嫩江流域的大兴安岭附近崛起，作为典型的游牧民族，他们逐草放牧、居无常处，以部落为单位群居生活。早期，凭借鲜卑人骁勇善战的特质，部落推选勇健且能公正处理决斗讼事者为首领，这种非世袭的首领选拔制度，不仅彰显了鲜卑族崇尚勇武与公正的文化传统，也赋予部落组织极大的灵活性与开放性。

随着生存需求的驱动，东汉末年，拓跋部为追寻更丰美的草场与适宜的环境，开始逐步南迁。在迁徙过程中，部族不断壮大，到西晋末年，凭借鲜卑骑兵的强大战斗力与坚韧不拔的民族精神，拓跋部已成为塞上一支不可小觑的强大力量。

在经济与生活方式上，鲜卑族原本以游牧和狩猎为主，"食肉饮酪，以毛毳为衣"，过着"穹庐为舍"的草原生活，充满浓郁的游牧民族风情。但随着南迁并与汉族频繁接触，"计口授田"等农业生产方式逐渐出现，但奴隶制性质的游牧经济仍占据相当大比重。

文化层面，鲜卑族没有本民族文字，言语习俗与乌桓相似，以刻木为信的原始方式传递信息，维持着部落的日常运转。早期他们对汉文化的接受程度有限，然而在与中原的持续交往中，鲜卑人逐渐学习制作兵器等技艺,接触佛教,由此开启汉化进程。在这一过程中,鲜卑文化与汉文化相互碰撞、交融,为民族文化的发展注入全新活力,也为其后续在中原地区的统治奠定了文化基础。

而当时的北方局势,正处于十六国早期的动荡之中。众多"五胡"政权大多延续部落联盟体制,入主中原后推行胡汉分治,胡人掌握军权,汉人负责农耕赋役。但这种体制存在致命缺陷,由于宗室贵族掌控部落兵,中央集权难以强化,一旦开国君主去世,宗室便会陷入内斗,政权迅速走向覆灭,前秦苻坚的败亡便是典型例子——他未解散归附的慕容鲜卑部落,淝水战败后,慕容氏借此部落力量反叛复国。同时,"五胡"政权还面临西晋解体后的诸多困局。"永嘉之乱"后,北方陷入割据混战,汉人以宗族乡里为单位结成坞堡自保。这些坞堡集政治、军事、经济功能于一体,坞堡主多为世家大族,掌握地方行政权,组织民众抵御外敌、发展生产。胡人政权与坞堡之间既有对抗,又有合作,对抗时胡人攻坞堡夺粮抢人,合作时胡人授予坞堡主官职换取支持,最终形成胡汉分治局面。

正是在这样复杂的历史背景下,拓跋鲜卑建立的北魏脱颖而出。不同于内迁中原时间较长的其他族群,拓跋鲜卑长期活跃于草原及草原边缘的农耕地区,很晚才进入中原。凭借较强的民族凝聚力、庞大的人口基数和强大的军事实力,尤其是精锐的鲜卑骑兵,拓跋鲜卑拥有显著优势。而且,他们在进入中原前就已掌握管理农业人口、获取财政收入的技术,拥有丰富军事战略资源,熟练驾驭游牧骑兵的军事技术。拓跋部在边塞地区长期经营积累的农耕地区治理经验,使其改革审慎且有效,最终得以终结北方乱局,为北魏政权的稳定与发展,乃至后来统一北方奠定了坚实基础。

在诸胡建立的十几个政权中,最长的不过几十年,最短的不过几年。因为在中原沃土,胡人的游牧文化并不足以支撑其政权的久存,所以，要想维持更稳固的统治，获取更丰足的利益，诸胡只能向先进的汉族文明学习。

而本篇要讲的孝文帝便是胡人汉化过程中的代表性人物。

北魏全盘汉化

通过上文的介绍，我们便能了解孝文帝和之前介绍过的改革家不同，他所面临的并不是中原政权内部的矛盾问题，而是一个落后民族该何去何从的问题。当时的鲜卑族，正如近代以来的中华民族，需要在如何对待外来文化的问题上做出抉择。

而孝文帝，对此给出了明确的答案，那就是"全盘汉化"。

小时了了

魏孝文帝拓跋宏是鲜卑北魏政权的第六代皇帝。他在很小的时候就表现出了过人的聪慧。

四岁时，孝文帝的父亲献文帝生了脓疮，拓跋宏亲口为父亲吸脓，减轻了父亲的病痛。

五岁时，献文帝要把皇位传给拓跋宏，拓跋宏听说以后，竟悲伤得痛哭起来。献文帝不解，拓跋宏解释道："接替父王的皇位，孩儿内心的悲伤难以言表，孩儿实在是不愿看到父亲离去呀。"

拓跋宏的祖母冯太后见拓跋宏如此聪慧，担心他长大后对冯氏家族不利，就把拓跋宏关了禁闭，想要废掉他。后来在李冲等大臣的反对下，冯太后才把拓跋宏放了出来。但是，孝文帝并不因此记恨祖母，只是在心里感激李冲等人。

孝文帝因为即位时太小，仅有五岁，所以最初由冯太后代理国政。冯太后本人是汉族人，所以推崇汉家制度。在祖母的影响下，时间充裕的小皇帝充分学习了汉家文化，无论是诸子百家，还是各种史书传记，孝文帝均有涉猎，他尤其喜欢谈论《老子》《庄子》，对佛理也有深刻的理解。

此外，孝文帝还心性仁慈，比如在吃饭时，上菜的侍者不小心烫到他的手，他都不予计较；在食物里发现了大虫子，他也不动怒，而是一笑置之。即使因为谗言陷害而遭到了祖母的暴打，孝文帝也并不记恨。

大也甚佳

在孝文帝二十三岁的时候，冯太后去世了。在悲伤之余，孝文帝也真正开始了自己的帝王生涯。掌权后，他继承了祖母的改革遗志（冯太后执政期间就推行了不少汉化改革），并将其极端化，对北魏国家进行了"全盘汉化"的改革，主要表现在政治、经济、文化等方面。

一、政治改革：班禄制、三长制与迁都洛阳

1. 班禄制。

在孝文帝改革之前，北魏政权在官禄制度上实行"掠夺制"，即官员的薪水来自在战争中对战败方的掠夺。后来战争停止，掠夺制失去了存在的基础，亟须新的官禄制度取代。

孝文帝在位期间，仿照汉朝制度，推行"班禄制"，即国家按时间和政绩给官员俸禄。

2. 三长制。

在孝文帝改革之前，北魏默许"宗主督护制"，即平民百姓因生计而依附于士族大家，士族大家（宗主）成为众多平民的拥有者和管理者。这样一来，国家难以统计人口数量，也无从进行有效的税收，更谈不上管理。

孝文帝在位期间，推行了"三长制"，即以五家为一邻，五邻为一里，五里为一党，分别设"邻长"、"里长"和"党长"。这样一来，国家就可以有效地统计人口，方便管理和税收。

3. 迁都洛阳。

孝文帝改革之前，北魏政权的都城在平城，远离中原腹地，物产贫瘠。

孝文帝执政后,力排众议,将都城迁到中原名城洛阳,以进一步进行汉化改革。

二、经济改革:均田制与租调制

1. 均田制。

孝文帝改革之前,土地大多掌握在士族大家(宗主)手中。

孝文帝在位期间,推行"均田制",即把土地按照人口分给无地少地的农民,使人民回归土地种植,抑制了土地兼并,有利于贫民生活水平的改善和国家的经济发展。

2. 租调制。

孝文帝在位期间,为了配合均田制,推行了"租调制",租即田赋,调即户调。具体说来,就是得到田地的农民,一夫一妇每年纳粟两石,征调帛或布一匹,丁男还要负担一定的徭役。这样一来,农民要缴的税和征调的布匹是定额的,并不因产量和收入的增加而增加,这就使农民有了致富的可能,提高了农民种粮的积极性。

三、文化改革:服装、语言、姓氏等文化领域的全盘汉化

孝文帝改革之前,北魏鲜卑族官民保持着本民族的服装、语言、姓氏等文化传统。

孝文帝掌权后在文化上实现了全面的汉化改革,包括:

(1)穿汉服:命令鲜卑官、民一律穿汉服;

(2)说汉语:规定三十岁以下的年轻人必须说汉语;

(3)改汉姓:规定鲜卑族人一律将鲜卑姓改为汉姓(孝文帝本人便将其鲜卑姓"拓跋"改为汉姓"元");

(4)改籍贯:规定来到洛阳的鲜卑人将籍贯由原先的"代"改为"河南洛阳";

(5)拜孔子:下令修建孔庙,推尊儒家文化;

(6)婚汉人:鼓励鲜卑人与汉人通婚。

以上便是孝文帝汉化改革的主要内容，影响重大，主要有三个方面。

第一，恢复社会经济的发展，使在长年累月的战争中受到严重摧残的中国北方地区重新回到了和平与发展的道路上，史称"孝文帝中兴"。

第二，提高了鲜卑族的文明程度，使游牧民族变成了受汉族文化沐浴的农耕民族。

第三，促进了民族融合。经此剧烈的社会变革，汉人、鲜卑人以及其他胡人族群在碰撞、冲突、交流与互动之中，得以不断加速融合。

英雄不曾变老

孝文帝对汉化改革的执行极为严格，即便是自己的皇后也不能违反命令。当时，孝文帝的皇后冯媛拒绝讲汉语，孝文帝便像吴起休妻一样，把冯媛贬为庶人。

然而，此举竟成了孝文帝英年早逝的导火索。

冯媛被废以后，冯润成为新一代皇后。孝文帝非常喜欢冯润，但没过多久，冯润得了严重的皮肤病，无法正常生活，就被冯太后强行送回家。

冯润被送走后，孝文帝虽然又立了新皇后，但心里一直深深想念着冯润。后来冯太后病故，孝文帝便重新接回冯润，冯润又当上了皇后。

由于孝文帝常年征战在外，很少有时间陪伴冯润。不甘寂寞的冯润竟然和后宫的假宦官通奸。

虽然冯润竭力隐瞒，但她的丑事还是被孝文帝知道了。

常年征战的孝文帝本已身心俱疲，遭到如此打击，便病倒了。虽然他回到洛阳后惩罚了当事人，但心中的伤害难以消除，最终在又一次的南征途中去世。享年仅三十三岁。

一代明君因情伤而死，着实令人唏嘘。不过这并不影响孝文帝在历史上的重要地位。

孝文帝五岁登基,二十三岁掌权,三十三岁去世。在位二十八年间,北魏政权和社会发生了影响深远的汉化改革。

北魏之后,北方又经历了几十年的分裂,最终被隋朝统一。不久之后,强大的隋朝又进一步统一了全国。

隋文帝

开创一千三百年政治大局

隋文帝,本名杨坚,隋朝开国皇帝,因统一中国、开创盛世及选错太子而闻名后世。同时,隋文帝还是一位成功的改革家,他的一系列改革不仅造就了著名的"开皇之治",还深刻影响了中国的历史进程,使隋文帝的历史地位足以和秦始皇媲美。

英雄与时势

凡是能在历史上留名的人,都不是平凡之辈,前面讲过的所有人如此,隋文帝亦是如此。先从隋文帝早年的两个经历说起。

与众不同的童年

隋文帝的父亲杨忠是北朝西魏政权的军事名将,在他三十岁的时候,妻子怀孕了。由于当时杨忠处在事业的巅峰期,工作繁忙,没有时间照看孩子,所以为了孩子顺利成长,笃信佛教的杨忠就把孩子放在一座寺庙里,并且请尼姑代养。这个孩子正是隋文帝杨坚。

杨坚的童年全部在尼姑庵度过,十三岁才离开。所以佛教的环境影响成为杨坚的生命底色,这对他以后的人生产生了重要的影响。

与众不同的面相

西魏被北周取代之后,杨忠地位依旧,后因战功而加官晋爵。杨忠去世后,杨坚继承了父亲的地位。由于身居高位,杨坚受到北周皇室的猜忌。

当时的齐王宇文宪对周武帝宇文邕说:"普六茹坚(杨坚鲜卑名)相貌非常,臣每见之,不觉自失,恐非人下,请早除之。"意思是,宇文宪对宇文邕说:杨坚相貌非常,每次见到他,都感到若有所失,(杨坚)恐怕不甘于屈居人下,请陛下尽早除掉他。

宇文邕本就对杨坚有所猜忌,齐王这么一说,他就更加怀疑起来。宇文邕对是否除掉杨坚犹豫不决,就先后问计于来和与赵昭。来和与赵昭都对宇文邕说杨坚其实面相一般,不足为虑,但他们其实是在说谎。而他们之所以欺瞒,正是因为他们看出杨坚确实有非凡之相:来和为了不得罪未来的皇帝,所以说谎;而赵昭和杨坚交好,所以也并不说破。

由此可见,杨坚确有非凡的面相。这或许也注定了他日后可以做出非凡的事业。

什么非凡的事业呢?

只挑主要的说,其一就是统一中国。

隋文帝的父亲是南北朝时期北周的国柱大将军。这是一种世袭的爵位,所以杨坚继承了父亲的爵位。

此后,杨坚在仕途上越走越顺,最后到了功高震主的地步。

功高震主意味着什么呢? 一是被君主杀掉;二是取代君主成为君主;三是其他。

而杨坚的选项是第二个。

581年,杨坚取代了周静帝,成为皇帝,改国号为隋。隋朝就这么建立了。

隋朝建立后,国力在中国境内最为强大,并在之后吞并了北齐、南朝陈等,最终于589年统一了中国。

统一之后,隋文帝做出了人生中第二项非凡的决定:发动改革。

千年不朽的"三省六部制"与科举制度

隋文帝的改革是南北两朝历代改革的延续,在历史上影响巨大,足以和秦始皇改革媲美。

1. 三省六部制。

隋文帝改革之前,北周实行"六官制",这是对西周官制的照搬,官职混乱,分工不明,效率低下。

而之前的秦汉,实行的是"三公九卿制"。"三公"即皇帝之下的丞相、太尉、御史大夫三种官职。丞相可以理解为宰相,相当于国务院总理;太尉掌兵权,相当于国防部长;御史大夫类似于今天的纪检部门长官。而"九卿"是位于三公之下的九种中央官职,各有分工。

隋朝建立后,隋文帝完善并实行了萌芽于前朝的"五省六部制"。

所谓"五省",即内侍省、秘书省、门下省、中书省和尚书省。其中,内侍省和秘书省作用不大,起主要作用的是其他三省,所以后来变为"三省"。"三省"互相牵制,共同对皇帝负责,其中,门下省负责审议政令;中书省负责决策政令;尚书省负责执行政令,是"六部"的总长官。

所谓"六部",指的是尚书省下设的吏、民(户)、礼、兵、刑、工六部。其中:

吏部,负责全国官吏的任免、考核等;

民部,负责全国的土地、户籍、赋税等,后改称户部;

礼部,负责祭祀、礼仪及外交等;

兵部,负责全国武官的选拔及兵籍、武器管理等;

刑部,负责全国的刑事法规、案件审判;

工部,负责各种工程、基础设施建设等。

六部的总长官为尚书。

之所以如此详细地介绍"三省六部制",是因为其意义重大:

其一,"三省六部制"标志着中国古代中央集权王朝的政治制度已经成熟;

其二,"三省六部制"被隋以后历朝沿用,直至清朝,是我国古代政治制度的最后一次重大创新。

此外,还需说明的是,"三省六部制"的颁布,其目的之一在于削弱宰相的权力(将一分为三),加强中央集权。这与现代西方的三权分立不同,后者是为了防止中央集权,是一种西式民主制度。

2. 开创科举制度。

隋文帝改革之前,秦朝的选官制度是军爵制,汉朝是察举制。到了魏晋南北朝,则演变为"九品中正制",这个制度在之前介绍刘裕改革的时候已经谈过,他的缺点是国家选官的权力容易被士族门阀与权贵阶层把持,使寒门子弟的仕途受阻,导致社会的不公平。

隋朝建立后,隋文帝开创了科举制度。科举制在南北朝时期已经萌芽,而隋文帝将它确定为国家制度。当时的规定是,地方上定期向中央举荐贤能人士,参加中央组织的秀才、明经等科目的考试,考试合格就能授予官职。

科举制度使寒门子弟有机会扶摇直上,成为体制内官员,促进了社会的公平;同时,它有效打击了本已没落的士族门阀势力,是王莽、刘秀、刘裕等先辈改革的延续。

此后,科举制在隋炀帝时期及唐朝之后日臻完善,成为当时世界上最先进的选官制度,不仅被后世历朝沿用,还催生了西方的公务员考试制度。科举制直到清朝末年被废除,在一千多年的历史中为中国社会的稳定、公平和发展作出了不可磨灭的贡献。

3. 简化官制。

隋文帝改革之前,因为多年分裂,全国被划分为州、郡、县三级行政单位,机构臃肿,民少官多,效率低下。

隋文帝改革后,"郡"被废除,实行"州县二级制",精简机构,淘汰冗官,节省财政支出,减轻了人民的负担。

4. 重建都城。

隋文帝改革之前,长安城因战乱、年久已经残破、陈旧,不能满足雄才大略的隋文帝的要求。所以隋朝建立后,隋文帝下令在长安旧城东南建造新城——大兴城,作为新的都城。新都城建成后,规模达到汉代长安城的 2.4 倍,明清紫禁城的 1.4 倍,比同时期的拜占庭都城大 7 倍,比两百年后建成的巴格达大 6.2 倍,是当时世界上最大最壮丽的城市。

5. 法律改革。

隋文帝改革之前,北周的法律既残酷又混乱,所谓"内外恐怖,人不自安"。

值得注意的是,大兴城的设计者为汉化鲜卑人宇文恺,他的大兴城设计参考了北魏都城洛阳及东魏都城邺南城。而隋朝之后,大兴城(长安城)又成为盛唐的都城,成为属于中国的世界名城。这些史实,说明当时的中华文明已是胡汉民族融合的成果,隋文帝对中国的统一,实际上也是胡汉民族及其文化的统一。

农商并举,让利于民

1. 均田制。

隋文帝改革之前,国家有大片荒地无人耕种,大量农民没有土地,且实际人口数量不明。

隋朝建立之后,隋文帝推行"均田制",把无主土地平均分给无地少地的农民。这样一来,不仅使耕者有其田,还在分田的过程中重新统计人口。

"均田制"由北魏孝文帝时期最先开创,在当时是先进的土地制度,激发了农民种粮的积极性,有助于经济发展,此后被历朝沿用,直至中唐。这是隋朝乃胡汉融合结晶的又一例证。

2. 让利于民。

隋朝初立,百废待兴。隋文帝因此实行让利于民的政策,主要表现在农业和工商业两方面。

在农业方面,隋文帝实行轻徭薄赋的政策,减少人民的徭役和农业税额,使人民可以安稳种田,恢复生产。

工商业方面,隋文帝如管仲、汉初以及后世的初唐一样,实行减税放利政策,鼓励工商业发展,尤其取消了盐业、酿酒业的官营专卖,使民间商人可以因此营利。

国家兴旺、市场繁荣的办法无外乎此。只要给人民经商逐利的自由,他们就会创造无尽的财富。

兵农合一

军事改革

隋文帝改革之前，北魏时期的府兵制规定"鲜卑人当兵，汉族人务农"，且士兵全家可免除徭役和赋税，是一种带有民族隔离色彩的不平等的"兵农分离"制度。同时，由于多年的军府将领世袭，使得国家对府兵的控制力不断减弱，军阀实力不断提升，进一步强化了军人特别是将领的特权，威胁到国家的统一和稳定。

在这种情况下，隋文帝在隋朝初年下令优化府兵制度，先是取消了汉人不能当兵的民族隔离政策，又下令以"兵农合一"代替"兵农分离"。具体说，是在均田制的基础上，让府兵和百姓一样归入州县户籍，并和百姓同样获得土地，平时务农、农闲训练、战时打仗，并且士兵使用武器自备。这一举措实现了"寓兵于农"，扩大了农业人口，取消了军人特权，促进了国家农业经济的发展，还同时强化了国家对普通士兵的控制力。

同时，隋文帝还下令由兵部选任军府将领，取消以前一家一姓世袭的制度，确认将军在战时的临时调配原则，打击了军阀，进一步强化了国家对府兵的控制，降低了武将作乱的可能与危害。

可以说，隋文帝军事改革的根本是府兵制度的优化，以府兵制与均田制的结合，在消除胡汉不平等地位、促进民族融合、提升国家实力方面取得了显著成果。正是依靠这一改革，隋文帝在隋朝建立后的短期内再次实现了国家的统一，并北向抗突厥，取得了辉煌的战果，被尊称为"圣人可汗"，成为中华天子兼异族国君的首例。

恢复汉统

1. 复兴佛教。

隋文帝改革之前，北朝曾经经历过两次"灭佛事件"，一次是北魏的明武帝灭佛,一次是北周的武帝灭佛。原因是当时佛教势大,信徒增多,大家都去念佛修行,使社会的劳动力和国家的兵源大量减少,影响了国家的财政、经济、军事等多个方面。灭佛之后,寺院被毁,经卷被烧,无数僧众被迫还俗,虽解一时之急,却引发了佛教的灾难。

隋朝建立后,隋文帝一改前朝政策,广建佛寺,广度僧众,广传佛经,广施佛念,一时佛教大兴。重振佛教的政策和隋文帝早期的经历不无关系。不过,隋文帝后来做的一些事,恐怕与佛法有违。

2.恢复汉统,民族融合。

自从西晋灭亡、五胡入华开始,中国北方为北方诸游牧民族统治。彼时,曾经辉煌灿烂的汉族文化遭到打击,不仅汉族人民被冲击,汉族传统的行为规范、道德礼仪、思想观念、衣食住行等在异族的统治下也受到了严重的冲击。

然而,游牧民族的固有文化不足以支撑其政权在中原沃土的久存,为了更好地生活,游牧民族也不得不学习汉族文化。其中以北魏孝文帝的汉化改革为代表。

隋朝建立之后,隋文帝继续推行恢复汉族文明的政策,不仅恢复曾被鲜卑名取代的汉名,在社会生活、国家制度的方方面面都恢复了传统。如以儒、道家思想治国、大兴佛教等。

隋朝对待各族文化,取其精华,去其糟粕,不仅使汉民族涅槃重生,还进一步加速了少数民族的文明进程,推动了历史的进步。

隋朝建立后,隋文帝下令大臣总结前朝历代的立法经验,以"权衡轻重,务求平允,废除酷刑,疏而不失"为宗旨制定新法,于是在历史上影响深远的《开皇律》由此而生。

《开皇律》的制定和颁布标志着中国古代法制的进步,与李悝的《法经》一样,成为后世历代制法的重要参考。

开皇之治

以上便是隋文帝改革的主要内容,其成果主要体现在两大方面。

第一，造就了隋朝开国即现的盛世局面，即历史上著名的"开皇之治"。

对于"开皇之治"，史书上载道：高祖亲自节俭，公平赋敛和徭役，使仓库充实，法律推行，使君子和小人都安居乐业，强不欺弱，众不欺少，人丁兴旺，物产丰富，朝廷和百姓都满意。二十年间，天下太平而无战乱。

第二，隋文帝的改革对后世同样影响巨大。

不论是"三省六部制"、科举制，还是均田制、府兵制，抑或全新的长安城，都被后世沿用或发展，对中华文明的发展产生了长久的影响。此外，顺应历史潮流的民族融合也在隋朝得到发展。

时势葬英雄

隋文帝一生功业无数，无论是统一中国、发动改革、开创盛世抑或征服四夷（尽管前文未曾提到），每一项都足以使他留名青史，并且不输于历史上任何伟大的帝王。然而，虽然隋文帝功勋卓著，但他也有致命的缺陷，也正是这些缺陷最终葬送了他苦心经营的大隋王朝。

隋文帝的缺点，一言以蔽之，可谓"心胸欠广，思维欠活"，主要体现在五个方面。

1. 事必躬亲，不敢放手。

隋文帝虽然勤政爱民，却处理不好"无为"和"有为"的尺度。

2. 远离诤臣，亲信奴才。

隋文帝曾经任用李德林这样敢于直言的诤臣，但后来却重用了只会听命办事的苏威。

3. 宁哭百姓，不放官粮。

有一年，地方上闹了饥荒，百姓食不果腹，隋文帝看到百姓如此，深深自责，甚至流泪，自己也戒酒戒肉，但其时官仓里储满了粮食，隋文帝就是不开仓放粮。后来唐太宗也因此事对隋文帝表示了批评。

4.良莠不分,罢黜太子。

众所周知,隋朝第二代皇帝隋炀帝早年善于伪装表演,获得父皇母后的青睐,从而取代原本的太子——他哥哥杨勇,成为新皇。事实证明,隋炀帝是个祸国殃民的暴君(虽然也有雄心和功绩)。后人回眸,才发现其实杨勇的理念更适合做皇帝。

5.多张少弛,急办大事。

隋文帝有诗传世,其中一句是"一朝花落,白发难除。明年后岁,谁有谁无。"感慨时光短暂,人生早逝。这种人生态度使隋文帝极为珍惜时间,力图在有限的时间内做尽可能多的大事(他的功绩足以证明)。

这固然是勤政的态度,但凡事适度则立,失度则毁,再好的品质,掌握不好度都会坏事。不幸的是,他这种性格就在他的继任者隋炀帝身上继续发扬并走向了极端,辉煌一时的大隋王朝竟和秦朝一样都是二世而亡。

唐太宗

小政府与大城市

当年,汉朝取代因暴政而亡的秦朝,实行轻徭薄赋、让利于民的政策,遂开启了中华民族的一段黄金盛世。而八百多年以后,唐朝又扮演了相同的角色。

有所不同的是,汉朝在立国三十年之后,才出现了著名的"文景之治",唐朝从她开创的第八年开始,就迎来了她的第一个治世:"贞观之治"。谈到"贞观之治",就不得不提到他的缔造者——唐太宗。

吉人自有天相

唐太宗,陕西武功人,是唐高祖李渊的次子,本名李世民。据说,李世民这个名字是他四岁时才有的。

当时,李渊家里来了一位会相面的先生,他看到年仅四岁的李家二公子后,就说:"您这个儿子天生异相,等到二十岁的时候,必能济世安民。"李渊听了之后,就将"济世安民"缩为"世民",作为儿子的名字。

这个故事无从考证。后来的事情已证明了唐太宗的伟大。

李世民二十岁,618 年,暴虐的隋朝灭亡,唐朝兴起。而李世民正是推翻隋朝的重要功臣之一,在数年的时间里,李世民南征北战,立下了赫赫战功。

李世民不仅在二十岁时做出了自己的事业,在他往后的生涯里,直到去世,他都一直很好地"履行"了他"济世安民"的职责。不仅为久经磨难的中华带来了稳定的和平,还创造了史上罕见的治世局面。

而唐太宗之所以能做到如此,除他本身具有超凡的智慧和胸怀之外,与他的一系列改革也是分不开的。

盛世的"序曲"

唐太宗的改革,是对唐高祖李渊治理国家的延续和发展。而在唐高祖之前,中国大地满目疮痍。

在唐朝之前,隋朝末代皇帝隋炀帝虽有雄才大略但却滥用民力,比如,他动用上千万的人力,修建各种大型工程,造成大量人民死亡,又连年征战,征用数百万的人力,造成了更大的人力财力损失。人民负担极其沉重,过着暗无天日的生活。最后,人民不堪奴役,纷纷起义,推翻了隋炀帝的统治。

然而,起义虽然推翻了暴君,但在隋末起义战争中,中国的人口数量减少了三分之二,有数千万无辜的人民死于战火。状况之惨烈,已不能用数字表达,只能说,当时的中国已成为人间地狱。

唐朝就是在这个背景下建立起来的。到唐太宗即位时,国家还远远没有走出创伤的阴影。

唐太宗的改革就是在这样的历史背景下展开的。

盛世进行曲

唐太宗的改革在继承历代先人的基础上,又有所创新,主要有五个方面。

第一项改革,与历代开明的政策一样,就是轻徭薄赋。

轻徭,即减轻人民的徭役,薄赋,即减少人民的农业税。汉初诸帝虽然也实行轻徭薄赋的政策,但当时的农业税率是三十分之一,而唐太宗的税率则只有五十分之一。在这样宽松的政策之下,经过战乱创伤的人民得以休养生息。

第二项改革,是搞"市场经济"。

我们曾经介绍,春秋时期的管仲就以鼓励商业著称,在他的重商政策下,齐国的经济发展迅速,市场繁荣,人民也富足起来。然而,管仲虽然鼓励人民经商,减少关税,但仍然将盐业、铁业等暴利行业垄断在政府手中,以使政府有可靠的经济来源。

唐太宗则不同,他解除了山泽禁令,允许人民自由开采,并放开了盐业、铁业、酿酒业等所有垄断行业,允许民间商人经营。此外,还在历史上第一次取消了商税。

在这种极为宽松的"市场经济"政策下,唐朝的经济迅速发展,市场被全面激活,中国也迎来了历史上又一次在大一统的条件下民间活力得以尽展的时代,不仅恢复了汉初时代的繁盛,并且有所超越。

第三项改革,是打造"小型政府"。

庞大的政府开支历来都是人民负担沉重的重要原因,唐太宗非常清楚这一点,所以他打造了中国历史上最简约的吏制体系。在他的贞观年间,中央政府公职人员最少的时候只有六百四十三人,全国则仅有七千人,此后的唐朝在太宗的榜样下,公职人员最多的时候也只有一万八千万人。这样,拿俸禄的公职人员少了,人民的负担自然就减轻了。

第四项改革,是"兵在藩镇"。

所谓藩镇,是指驻扎在边境附近的军事重镇,以防御外族侵扰为主要任务。唐太宗把养兵的责任交给了各藩镇,使中央政府的职责和军费支出减少了,中央的压力减轻,"小型政府"也就有了实现的可能。

第五项改革,是"从谏如流"。

唐太宗吸取了隋炀帝不听进谏而身死国灭的教训,广开言路,积极听取大臣的建议和意见,使自己的错误可以得到及时的纠正,从而避免重蹈覆辙。

据史料记载,大臣魏徵就为唐太宗进谏两百多次,有时甚至让唐太宗在朝堂上甚为尴尬,可见唐太宗有着宽宏的气度和高超的智慧。这样的为政风格不仅让太宗成为历代帝王中的翘楚,也让大唐避免被昏君误国,从而平稳地崛起。

以上是唐太宗改革的五个主要方面,在这些善政的治理下,唐朝迅速地治愈了隋末战争带来的创伤,并且呈现出天下大治的局面,中国自此也进入汉朝之后的又一个黄金时期——"贞观之治"。

然而,如此黄金盛世,并非想象般完美,仍存在一些局限性。

华丽乐章的破音

一、贷款

睿智的唐太宗降低了农税,取消了商税,又放弃了所有暴利行业的垄断,自然使人民富足、市场繁荣。但是,问题也随之而来——政府的收入从何而来呢?

当年,汉武帝为了聚敛财富,发布了算缗令和告缗令。算缗令是什么呢,就是全国的有钱人,不管是工商业主还是高利贷者,都要将自身资产的十分之一献给朝廷。也就是说,如果你有一百万,那就得拿出十万来献给朝廷,即便所有该交的税都交了。但是,我们知道,人都有保护私有财产的本能,所以很多富人在算缗令出台后都隐瞒了真实财富额,最后朝廷并没有收上来多少钱。

汉武帝见算缗令无效,就紧接着颁布了告缗令。告缗令是什么呢,实际上就是发动人民战争——人民有权向朝廷告发隐匿财富者,朝廷没收了隐匿者的财富之后,一半归自己所有,一半归告发者所有。此举充分利用了人性中的贪婪,所以一经发布,就收到了良好的效果,穷人纷纷举报富人,国库很快就充盈起来。但是,如此政策,它的后果是显而易见的——全国的中产阶级就此破产,市场遭到破坏,朝廷的公信力也大大降低。

算缗令和告缗令是汉武帝增加"财政收入"的办法,虽然"有效",但显然过于野蛮和匪气。那么,唐太宗会想出什么办法呢?

答案是"公廨钱"制度。

所谓公廨钱制度,就是政府向部分富人强制性发放贷款,金额为每年五万钱,年利息为四万八千钱,也就是说,如果你家被政府"看上",就不得不接受每年五万钱的贷款,不管你用这些钱做什么,最后都得连本带息还给朝廷约十万钱。唐太宗为了鼓励富人接受该制度,就规定贷款满一年的家庭可荐一人担任公家公职,以作奖励,不过由于名额有限,任期最长只有两年。

这就是唐太宗增加"财政收入"的办法,虽然比汉武帝的告缗令温和得多,但实质上依然是对富人的强制性掠夺。

至此,也许我们可以提这样一个问题,为什么像汉武帝、唐太宗这样正面的皇帝,在增加财政收入的时候,也不免采用强硬的掠夺人民的办法呢,他们难道不知道要想维护统治,就不能伤害人民吗?

答案是,这其实是一个历史性的难题,即国强和民富的矛盾问题。

你看,汉朝在文景时期人民很富有,但国家并不强大,不仅不能解除匈奴的威胁,为了暂时的和平,还要忍辱采取和亲的政策。后来,到了武帝时期,国家强大了,但却是建立在掠夺人民财富的基础上。汉朝之后，人民疲敝，历代统治者连政权的稳固都不能保证，对于这个问题，也就更不能解决了。

所以，这个问题在历史上似乎没有人真正解决过，因而汉武帝和唐太宗不能解决也算是很正常了。他们不能一边让人民自由地赚钱，少交税赋，一边又使政府获得丰厚的财政收入，此所谓鱼和熊掌不可兼得。所以，在治国的时候，他们只能根据时局的不同而有所取舍，而在特殊情况下，如果正常的手段不能满足朝廷的需求，就只能使用蛮横的手段了。

二、城市

唐太宗的一系列惠政使大唐蒸蒸日上，一片繁荣，其中一个特征就是城市化率的提高。据统计，西汉时期中国的城市化率约为17.5%，但到了唐朝，这一数字上升到20.8%，是中国古代史上第二高的水平（南宋的城市化率达到22%）。中国历来被认为以农业立国，但实际上，中国的城市化率直到唐宋时期都是不断提高的。

不过，如果你认为大唐盛世的都市，尤其是都城长安，如今天的大都市一样繁华，那就值得商榷了。

因为，当时的城市受限于当时的生产力水平，所以与当今城市迥然不同。

唐朝的城市实行"坊市制度"，即城市中坊与市是严格分开的。所谓坊，指的是居住区；所谓市，指的是购物的地方。也就是说，假如你生活在唐朝的城市，在你居住的地方是买不到东西的，要买就得去专门买东西的地方，即"市"。

当时的市，被称作"令市"，"令"有命令的意思，因为令市中的商业行为受到政府严格控制。比如，当时有"日中而聚，日落而散"的规定，就是说，各种交易和买卖在中午开始进行，但到了晚上，就必须结束。又如，商家所卖的物品，在上市前，要接受管理部门的检查，检查合格之后，管理部门会将商品分成上中下三等，并对每一等的商品分别定价，然后才能投放到市场，也就是说，当时商品的价格，不能由商人自主决定，只能由朝廷部门制定。此外，朝廷还规定了商铺租金的上限，以保证商家的权益以及物价的稳定。

由此可见，唐朝的城市和商业其实还相当落后，不仅居民区和商业区不能在一起，而且商铺何时营业、何时关门都受到朝廷严格的控制。

相比之下,我们今天的生活是何等幸福,只要不是在偏僻的荒郊野外,随时随地都可以进行消费,遍地是商家,小卖部、便利店、饭馆、理发店应有尽有。

不过,我们在享受今天便捷生活的同时,也没必要苛责唐朝制度,因为以当时的生产力水平,唐朝经济已为世界惊叹。

三、神丹

经过唐太宗的悉心治理,大唐一片繁荣,天下大治,史称"贞观之治"。然而,命运是无情的——就在大唐蒸蒸日上的时候,唐太宗的健康状况却每况愈下。

据史料记载,唐太宗晚年患了严重的"气疾",这是一种在当时很难治愈的疾病,所以唐太宗虽然贵为皇帝,拥有大唐最好的医生,但一直也没有治愈。

唐太宗去世时才五十岁,所以因医疗方法无效,他采用了一些特殊的方法。

那么唐太宗为自己找了什么样的特殊方法呢?

答案是,他和自己开了一个沉重的玩笑。

怎么回事呢?

原来,唐太宗年轻时,对神仙方士一概不信,对于秦始皇与汉武帝求仙的往事也坚决地采取批判的态度。

然而,人总是会变的。唐太宗也不例外。

他在多方治疗无效的情况下,把希望寄托在了他曾经鄙视的仙丹身上。

据说,唐太宗一开始吃的是大唐国内的道家仙丹,然而效果并不理想。于是,他把视线转移到了进口货上,开始尝试其他丹药。

....

高潮还未到来

公廨钱制度、城市的发展以及唐太宗的去世,代表着唐朝盛世背后的历史局限性。然而,和彼时的辉煌成就比起来,这些其实不值一提。此外,唐朝的国运并没有随着唐太宗的去世而衰落,反而是越来越强。

在贞观之治之后的百年时间里,唐朝经历了一个又一个治世,最终在唐玄宗开元年间达到巅峰。

然而,物极必反。唐朝恰恰是在最鼎盛的时候走向衰落。在唐玄宗执政的后期,唐朝发生了悲惨的"安史之乱",其动乱之久,损失之惨重,几乎掏空了王朝的根本。不过,唐朝在"安史之乱"之后并没有陷入更大的混乱之中,而是因为另一位改革家的出现,得以进入了一段相对平稳的时期。

刘晏

浩然正气抚平战乱创伤

自从被唐玄宗授予"秘书省正字"一职，刘晏的人生便与"正"字结下了不解之缘。

正字小神童

刘晏，字士安，曹州南华（今山东东明）人，唐中期人物。如果熟悉《三字经》，那么对他应该不会感到陌生。

《三字经》有云："唐刘晏，方七岁，举神童，作正字。彼虽幼，身已仕。"

这段经文所反映的，是刘晏七岁时的故事。

那一年，开创了"开元盛世"的唐玄宗到泰山封禅，其间收到下人呈上来的一篇文章，名为《东封书》。此文字迹优美，文笔颇佳，并且是对唐玄宗英明治国的歌功颂德。所以玄宗看了非常高兴，就命人将作者找来。

作者年仅七岁，正是刘晏。玄宗非常惊奇，就命宰相张说考校他。张说以四书五经出题，结果刘晏才思敏捷，对答如流。于是众人都惊叹他的才华，以"神童"称之（举神童）。

玄宗怜惜刘晏，就任命他为"秘书省正字"。什么是"秘书省正字"呢，就是一份在朝廷里负责对全国的图书典籍进行编辑与校对的工作（举正字）。也就是说，刘晏获得了在朝廷为官的机会。年仅七岁的刘晏，凭借着才华和学识，通过了一次临时举行的面试，就获得了在朝廷为官的机会（彼虽幼，身已仕）！

小小年纪就凭能力步入仕途，的确非同一般，难怪被后人写进了《三字经》，并且成为青少年学习的榜样。

然而，我们在佩服刘晏事迹的同时，不难从中发现一些问题。

刘晏进入朝廷做官，并没有通过科举考试。也就是说，唐玄宗可能仅仅是因为看刘晏是个可塑之才就提拔任用了他。这说明什么呢？说明唐玄宗是个开明的皇帝,做到了"不拘一格用人才"。这或许是他得以开创盛世的原因之一。从另一个角度说,在开元盛世,刘晏年仅七岁就因有才而被皇帝提拔,说明一个良好时代的标准之一,就是人才会被发现,并且被任用,而不是被浪费。

不过,唐朝黑不黑暗,对于彼时年幼的刘晏来说,显然并不重要。重要的是什么呢?是他得到了这份工作。因为从他今后一生的事迹中可以看出,自从他得到了"秘书省正字"这份工作,"正"字便似乎在他的心底扎了根,成为他生命的底色。

正派刘县令

刘晏不仅会正字,还会政治。天宝中期,刘晏升任夏县县令。

他有什么作为呢?据《新唐书·刘晏传》记载,在担任夏县县令期间,刘晏做到了"未尝督赋,而输无逋期",也就是说,刘县令从未监督催促人民缴纳税赋,但从没有人逾期不缴。

刘晏是如何做到的呢?正史里没说,此处是根据刘晏后来的思想推测。

史料记载,刘晏治国的一大理念就是"养民为先",就是说要想驱使人民,就要先满足人民的需求。刘晏后来依据这个理念,在治国上做出了亮眼的成绩。

我们知道,一种行为,如果获得好的结果,会使行为者更加信奉这种行为,这就是心理学中的"强化"概念。好的结果就是"强化物",使获得这种结果的行为得到"强化"。

借此我们或许可以推测刘晏做夏县县令时的成功之道。即刘晏后来"养民为先"的观念是早期的成功经验"强化"的结果,那么反推之,"养民为先"的观念其实是刘晏的"早期经验",所以夏县时期的成功之道或许就和这个观念有关。

因他在夏县县令的岗位上表现出色,所以后来他被推举为"方正贤良"。

方正贤良又是什么呢?是当时科举的一个科目。

唐朝的科举有制举和常举两种。常举相当于"必修课",如秀才、进士等科。制举则具有临时性和随机性,"由皇帝下诏举行,以待'非常之才',随时设科,名目繁多。最常见的有贤良方正科、直言极谏科、博学宏辞科等。"

刘晏参加的就是贤良方正科,并且考中。

中举之后,刘晏赴任河南温县县令,同样政绩斐然,不仅推出很多惠民的善政,人民为了感谢和纪念他,还专门为他立了碑。

可见,刘晏担任县令期间,政绩佳,口碑好。最初的"正字小神童"成功转型为"正派刘县令"。

正义护国者

刘晏并没能安安稳稳地做他的县令。

755年,"安史之乱"斩断了唐朝的黄金盛世,各地豪强拥兵自重,对抗朝廷。

刘晏没有对抗朝廷。一是他幼年受本朝皇帝提拔为官,二是他在为国效力上做得兢兢业业,实现了自己的价值,所以他没有理由反叛。

他不仅没有反叛,还击退了反叛者。

最初,叛乱的永王李璘邀请刘晏为自己效力,刘晏义正词严地拒绝。

后来,面对李璘叛军的进攻,刘晏招募义军,将其击败。

一代文官、经济学家,竟亦为武将,简直是文武全才。

当年的"正字小神童",后来的"正派刘县令",现在俨然进化为效忠朝廷的"正义护国者"。

然而,刘晏人生的巅峰仍未到来。

正国改革家

背景

"安史之乱"虽然最后被官军平定,但它给大唐王朝带来的打击却难以平复。

后来，唐朝仍然延续了一百多年，直至 907 年才灭亡。

这是为什么呢？其中一个原因就是，刘晏的巨大贡献。

"安史之乱"之后，大唐江山一片疲敝，"数百里州县，皆为丘墟"，"数年间，天下户口什亡八九"。

这种情况下，皇帝任命刘晏主持王朝的经济改革，以图恢复国力。

但需先看其改革的背景。

唐太宗时期，曾经规定，各藩镇的长官"不久任，不遥领，不兼统"，就是说，不能久做一地的长官，不能遥控领导某地，不能兼管多个地区。这样做的目的，就是为了防止地方势力坐大。

然而，到了玄宗时期，情况变了。

玄宗"十余年不换将官"，致使藩镇势力坐大，比如，"安史之乱"的始作俑者之一安禄山，"兼统三道节度使，拥有天下三分之一的兵权"，并且，不仅掌管军事，还监管行政和经济，俨然成为一方诸侯。这样的地方势力，显然具备了挑战中央政权的实力。如果他们不安于现状，想要更大的权益，就会叛乱。

结果他们叛乱了。

后来叛乱虽然被平定，但各大藩镇不服从朝廷、实际独立的状况并没有改变，朝廷只能控制约占原先六分之一的国土，朝廷实力变得很弱小。

朝廷弱小的另一个原因，如前文所提，是让利于民的政策。盐、冶铁业、酿酒业等暴利行业，唐初都放权让民间商人经营，结果，民间经济繁荣了，国家收入却少了。

所以，"安史之乱"，唐朝政府不管在军事、政治还是经济上，都处于窘境。

经济是基础，所以唐王朝要改革经济，增加中央的实力。

出招

刘晏根据时局和自己的思想，祭出了几大改革措施。

第一，官民两全的计划经济。

要解决国家收入的问题，刘晏认为"因民所急而税之，则国用足"，就是说，关乎民生的行业（比如盐业），要成为国家税收的主要来源，国家才能有足够的财政收入。

所以，刘晏和汉武帝一样，将一些暴利行业的经营权从民间剥夺，垄断于政府，比如盐业等。

但历史不是单纯的重复，而是循环中有进步。刘晏的盐业专卖和汉武帝不同。刘晏之前，官员第五琦实行和汉武帝一样的专营改革政策，民产→官收→官运→官销，除了生产环节，其余全由政府垄断。结果，由于缺乏市场竞争，所以盐价暴涨，粮价随之也涨，劣官发财，人民饥荒。

刘晏则不然，他将政策改为民产→官收→商销，朝廷只赚一次转手的差价，这样，既不是完全让利于民，也不是完全朝廷垄断，平衡了民间的利益和朝廷的利益。结果，朝廷增加了盐业的收入，民间的买卖由于有了不同商家的竞争，也不至于出现垄断造成的盐价暴涨。

除了盐业官营外，刘晏还恢复了汉武帝时代的平准法和均输法，调控经济和物价，一边稳定市场，一边增加政府收入。

第二，官民两全的漕运改革。

当时由于藩镇割据，朝廷的控制范围很小，税赋和粮食产地只剩下长江、淮河流域一带。京城及其周边地区的粮食需要从江淮调运。

这就需要漕运。

刘晏改革之前，漕运事业面临两大问题。

首先，航运路线的各段，如长江、汴水、黄河、渭水等，航运条件不同。一方面，淤塞严重，致使行船困难；另一方面，各段的地貌、水道、安全、人文等方面各不相同，运粮船运粮途中，由于不能熟悉和适应每一段航情，不是被抢，就是触礁翻船等。

其次，除押运官外，其余漕运工作人员皆为服徭役的民夫，没有工资，免费奉献，所以人民没有劳动的积极性，感到负担很重。

针对这两大问题，刘晏分别祭出对策，予以解决。

首先，针对航路的问题，一方面，刘晏组织人员清淤，疏通河道；另一方面，改直运为段运，就是将航线的全程，分成长江、汴水、黄河、渭水四段,每段的漕运任务,由合适的专船专人负责,长江段的专船从长江出发,到汴水时,把粮食转交给汴水段的专船,到黄河时,再转交给黄河段的专船,以此类推。这样一来,由于每段的专船专人都熟悉本段的航情,所以大大减少了各种阻碍,提高了漕运效率。

其次,针对徭役问题,刘晏本着"养民为先"的理念,变无偿劳动为有偿劳动,为参加漕运工作的民夫发薪水。这样一来,人民有了劳动的积极性,不仅为国家作贡献,还能勤劳致富。漕运的效率也进一步提高了。

第三,官民两全的"常平法"。

刘晏素有"养民为先"的治国理念,从前面的介绍中我们可以看出:在盐业改革中,刘晏不是与民争利,而是与民分利;在漕运改革中,刘晏则直接为民夫发薪。这些做法的结果,是使官民双方的利益都得到保障,所以"养民为先"实为"官民两全"。

在防灾赈灾的"常平法"中,这个理念得到了进一步的诠释。

所谓"常平法",其实和李悝的"平籴法"类似,简单地讲,就是在粮食丰收、粮价下跌的年份,朝廷以平价收购农民卖不出去的粮食,以防"谷贱伤农";而到了粮食歉收绝收、粮价暴涨的年份,朝廷再以平价将粮食卖给人民,以防"谷贵伤民"。

如果你问,为什么在粮食歉收绝收的年份,不直接将粮食送给人民?这就涉及刘晏和李悝的不同之处了。

李悝的"平籴法"确实规定粮食在荒年白送,但刘晏认为这样不妥。

刘晏认为,如果朝廷在荒年将足够的粮食送给灾民,那么朝廷就会亏大了,造成"国用不足";但如果为了"国用"而减少粮食的发放,百姓就会吃不饱,造成"民用不足"。所以,赠送并不是一个两全其美的好办法。

所以刘晏的办法,是将粮食以平价卖给灾民;但在同时,朝廷要购买受灾地出产的其他物产,因为此地虽然粮食歉收,但仍有其他产业。朝廷购入这些物产之后,可留作自用,也可转卖至他方,总之不亏空。

这样一来,人民不会因买粮而贫困,朝廷也不会因赈灾而亏大。实现了"养民为先"的"官民两全"。

正果

以上是刘晏改革的三大主要方面,除此之外,他还在全国范围内设立知官院,以收集全国的经济动态;整顿吏治,打击腐败和玩忽职守等。

刘晏的这些改革,以不负百姓为基础,提高了朝廷的财政收入,维护了政局的稳定,使在"安史之乱"中遭到重创的唐朝又焕发出一丝生机,避免陷入更大的危局。

至此,刘晏已然成为匡正时局的"正国改革家",不仅救唐朝于危难,也使自己走向了事业的巅峰。

未能正终

世事总无常。

就在刘晏的改革事业风生水起、个人声望不断提升之时,支持他的唐代宗去世了。

继任者,是唐德宗。

唐德宗和刘晏并无过节,刘晏的改革也并未触及德宗的利益。

然而,另一个人物的登场打破了平衡。

杨炎,字公南,陕西凤翔人,是当时和刘晏齐名的另一位改革家,因推行"两税法"而闻名。与刘晏有仇隙。

原来,杨炎之所以能在仕途上有所进步,全靠前朝宰相元载的提拔。元载和杨炎是老乡,对杨炎有知遇之恩,两人感情深厚,"亲重无比"。

代宗时期,元载犯法,皇帝想除掉他。逮捕后,命刘晏主持审讯。

审讯期间,元载对自己的罪行供认不讳,后被皇帝赐死。其同党也多受牵连。

杨炎因与元载"亲重无比",所以也受连累,惨遭贬官。

杨炎因此对刘晏怀恨在心。

代宗去世后,德宗即位。杨炎任宰相。

于是杨炎向德宗进谗言,说刘晏要造反。

德宗猜忌无情，刚愎自用，对此相当敏感。所以，在杨炎的挑拨下，德宗将刘晏赐死。

一代"正字小神童""正派刘县令""正义护国者"，乃至匡扶社稷的"正国改革家"就这样陨落了。因为政敌的陷害，还有皇帝的自私，令人唏嘘。

至此，如果仍然说刘晏的一生与"正"字有缘，那只能说，在复杂凶险的政治环境中，刘晏这样的死去，再"正常"不过。

杨炎

开启新的税收制度

780年,救唐王朝于水火的改革家刘晏因"小人"陷害而死。

这个"小人",却同样是一位改革家,且和刘晏齐名。

他就是杨炎。

叛逆的孝子

杨炎,字公南,陕西凤翔人,据说相貌英俊。祖上三代以"孝"而闻名,他本人也不例外。

有一年,杨炎的父亲去世了,他便辞官,回家守丧。其间,他在父亲的冢旁搭建草棚住下,然后终日号哭,追忆父亲。最后,传说天地被感动,有灵芝和白鸟等吉兆出现。

人皆赞叹。

杨炎不仅孝顺,还有才华。河西节度使吕崇贲喜欢他的才华,就提拔他做节度使掌书记,官居八品。

然而,此后,他的另一大特点暴露了。

有一次,一群官员在一起聚餐。其中,神乌县县令李太简,酒后侮辱了杨炎。杨炎后来把李太简暴揍一顿。

要知道,李太简是县令,官居七品,比杨炎官位高。杨炎却揍了他。

说明什么?《新唐书》评价为"豪爽尚气"。但其实,更像是"反叛"。

为什么?

因为,只有具有反叛精神的人,才能发动除旧革新的改革。

杨炎就是这么一位具有反叛精神的人。

两税法

杨炎后来受元载等人的提拔,做到宰相职位。他在位期间,发动了影响深远的改革,主要在税制。

背景

从南北朝时期的北魏开始,一直到唐朝"安史之乱"之前,中国的主要税制都是"租调庸制"。

所谓"租",具体讲,就是每个男丁,每年要向国家交一定量的"粟",就是粮食;所谓"调",则是每个男丁,每年要向国家交一定量的"绢""布""绵"等,就是丝织品;而"庸",就是徭役。但是,如果有时国家无须你服徭役,你就要多交一些"调"代替。

这种制度,在相应的年代,有利于社会进步,国富民安。

但是,到了唐玄宗后期,尤其是战乱之后,就不适宜了。

首先,它包含三种名目,操作起来不免麻烦。

其次,战乱之后,人口大减,流民增多,朝廷的户口统计早已过时。所以,就生出浩劫:一个村子,本来只剩下二十户人家,但朝廷的数据本里,还是许多年前的一百户人家,政府按数据收税,所以,原本一百户的税,需这二十户承担,每一户的负担一下子翻了数倍。老百姓承受不了如此重的负担,纷纷逃亡,就造成了更多的流民。

更重要的是,这个制度是一种不公平的"平等",即每个人家,无论穷富都交一样的税,比如"租",要求每年缴粟两石,那么,每户人家都是两石,贫富没差别。

此外,战乱、腐败等,导致税制管理更加混乱。

这种背景下,杨炎出场了。他做了刘晏没做的事。

刘晏改革盐业、漕运业、赈灾业等,但没改动税制。

最终由杨炎完成了税制改革。

出招

刘晏风光于唐代宗时期。代宗之后,终于德宗。

江山代有人才出。

当时,杨炎要改革税制。有人严正地反对,说:"租调庸制实行了几百年,怎么能改呢?"

杨炎坚持己见,与商鞅一样,并得到德宗支持。

所以,他改革成功了,称为"两税法"。

什么内容呢？有以下五大方面：

第一,摒除租、调、庸及一切其他杂税,合并简化为"两税",即地税、户税。

所谓地税,是指你家有多少亩地,按固定的税率收土地税;所谓户税,即你家有多少财产,按固定的税率收财产税。政府只收这两种税,额外再收,犯国法。

第二,就地取籍。是指人住在什么地方,就算哪里人,不管你原户籍何地。你是河南人,如今到了陕西,就算陕西人;你是江苏人,如今到了浙江,就算浙江人。这样一来,户口数据过时的问题解决了。

第三,贫富不再"一视同仁"。原先不管贫富,缴的税额一样多。现在,按固定的税率来,富有就缴得多,贫穷就缴得少。真正的一视同仁。

第四,一年缴两次税,夏天一次,秋天一次。

第五,随遇而安的商人,依所在地缴税,有明文规定的税率。

这改革怎么样？很有益。为什么？

(1)简化。以前缴税名目繁多,现在就两种,简单明了。

(2)清晰。以前连一地的人口都不清楚,现在特清楚,还特省事。

(3)公平。以前无论贫富缴税一样多,现在富者多付,贫者少缴。

因此,人民的负担减轻了。

结果

不只是人民的负担减轻了,唐朝朝廷也轻松了。

因为,人口的数量和户籍清楚了,贪官污吏也减少了(新税制如此清晰明了),人民负担减轻、纳税顺利了。所以政府的收入增加了。

然而……

黄宗羲定律

何谓"黄宗羲定律"？这是一个由中国人的名字命名的定律。

当代学者秦晖,从明末思想家黄宗羲的著述中总结道:"历史上的税费改革不止一次,但每次改革之后,由于当时社会政治环境的局限性,农民的负担在下降一段时间后,又涨到一个比改革之前更高的水平。"用黄宗羲的话说，就是"积累莫返之害"。这就是"黄宗羲定律"。

杨炎的税制改革，也逃不出这个规律。因为，"两税法"的成败，也是黄宗羲研究的论据。

那么"黄宗羲定律"的原理是什么呢？

按照秦晖先生的解释，原理是这样的：

税改之后，原先名目繁多的税种统统合并为两种，比如，杨炎将租、调、庸等税合并为"两税"。这样一来，税制简化了，税收的执行者也不能再像以往一样，找各种借口增加其他苛捐杂税，增加人民的负担。

然而，随着时间的流逝，朝廷会渐渐忘记，这两种税，就是之前多种杂税的总和，反而认为税种太少。所以，当他们需要更多的钱时，就会增加税种，使这两种税中已经包含的其他杂税，又重复征收。此外，在这一过程中，贪官污吏还会凭一些借口，额外多征税额。

如此一来，税额怎有不涨的道理？这就是黄宗羲定律的原理。

那难道是朝廷和人民都忘了？

朝廷或许没有忘记曾经并税的事，但他们的欲望是会膨胀的，有了钱，总想有更多的钱，而且，还有那些贪官污吏呢。他们怎么会不想方设法搜刮民财？

人民或许真的会忘记当年旧事，尤其是时间过去很久之后，并且在官府不断忽悠的情况下。

为什么呢？

没有监督。

监督大概包括两大类：一种是内在的自我监督，比如道德和信仰等；一种是外在的制度性的监督，比如法律等。

监督的作用很多。比如，防止欲望的泛滥。如果没有监督，不管是内在的还是外在的，都很容易让人为所欲为。封建官府总是乱收税就是一个例子。

一山不容二虎

杨炎风光的时候，"黄宗羲定律"还没显现。并且，除了"两税法"，杨炎还推行了其他几项改革，比如将皇帝的私产和国库分开、建立年度预算制度等。

杨炎因此声望日隆。

后来，同为宰相的崔祐甫与乔琳，因各自的原因被贬，杨炎得以独揽大权。无人监督他，所以他更风光了。

你看，杨炎是唐德宗时代开始崭露头角，得以施展改革才华，实现救国理想。然而前朝唐代宗时期，刘晏是主角，搞各种改革，拯救大唐危局。

正所谓"同行是冤家"，"同行相轻"。所以在代宗时期，刘晏主持大局的时候，杨炎又嫉妒又自卑。再加上后来的私仇，所以他动了杀心。《新唐书》说他"豪爽尚气"，就是性格豪爽，重视气节的意思，理应心胸宽广才对呀？不过人都是矛盾体，杨炎也是如此。他开拓创新，锐意变法；但在独揽大权之后，在对待"仇人"上，心胸不够宽广——他向德宗进谗言，陷害刘晏谋反。德宗将刘晏赐死，杨炎得逞，但这并没能满足他的欲望，反而膨胀了他的妄心，甚至不把皇帝放眼里。

刘晏声望高，口碑好，所以被害之后，朝野中很多人为他不平。其中不乏朝廷重臣。杨炎心虚，就对外宣称是德宗要杀他，他只是奉命行事而已。这犯了君王大忌。

皇帝要你干吗？其中一个任务，就是为皇帝背黑锅、接脏水，以衬托皇帝的光明伟大。但杨炎正好相反。他觉得自己的功劳甚大，所以德宗应该为自己背黑锅。

这显然不可能。

后来梁崇义造反，德宗答应让李希烈去平定，但杨炎偏偏说不行。德宗说："我已经答应他了，不能不守信。"没想到杨炎还说："不行。"结果德宗更生气了（上次替杨炎背黑锅，就已经很生气了），越发冷淡他。杨炎仍然不知好歹。

朝廷看杨炎"寂寞"，就派卢杞和杨炎做伴，共同理政。但杨炎看不上卢杞，嫌他面目丑陋，又没文采。杨炎本人据说很英俊，又有才华。但因此看不起别人、自以为是就不对了。因此他们俩一直貌合神离。

杨炎处处压制卢杞。结果卢杞无法忍受，就想让杨炎"消失"。

可能卢杞是自卑心理在作怪。他发愤图强，考取功名，可能就是为了"补偿"这种自卑。后来，好不容易官居高位，成为一国之宰相。但没想到，和自己共事的，偏偏是个帅哥，还有才华。更关键的是，这位有才的帅哥，偏偏还看不起自己的不帅与无才。心里最敏感的地方被无情地戳中，并且还被不断地扭绞。所以他无法再忍受，他要搞死杨炎。卢杞就向皇帝进谗言，说杨炎欲反，说他盖房子专挑有王气的地段。德宗早就厌烦杨炎，于是就把杨炎赐死了。

此时，离杨炎害死刘晏，仅一年有余。

身后事

唐朝能在"安史之乱"之后，没陷入更大的困局，与刘晏和杨炎的锐意改革关系极大。

然而此时，这两位拯救时局的改革者全死了。死于政治斗争，还有皇帝的猜忌。

不是朝廷没有人才，只能说唐朝气数将尽。

刘晏和杨炎去世之后，他们改革的功效日益减退。唐朝再没能出现重量级的改革家。唐朝中央的权威再没能恢复，藩镇割据的局面也再无改观。

907 年，唐朝灭亡了。

宋太祖

双重人格与双面王朝

同样是结束分裂,统一天下,宋朝和前代的秦、西晋、隋都不同。

后三者,国祚最长的是西晋,三十七年;最短的是秦,仅十五年——都是短命王朝。

但宋朝不同。

宋朝终结五代,统一中国之后,不仅没有迅速灭亡,反而比赫赫有名的唐朝还要长久。

这是什么原因呢?

这要从宋朝的开国皇帝宋太祖说起。

一种套路:"黄袍加身"原非太祖原创

宋太祖,本名赵匡胤,字元朗,河南洛阳人,生于唐朝灭亡后的五代乱世,军人家庭出身。成年后,到处游历,寻出路,最后投奔到后汉枢密使郭威帐下,参军打仗。

赵匡胤初从军,表现积极,屡建战功。

不过,那时候对他来说最重要的一件事,恐怕是郭威在两年后给他上的一堂课。

当时(950年),郭威作为后汉大将,功高盖主。

汉隐帝猜忌他,总担心他要造反。

结果,郭威真的反了。

因为汉隐帝不相信他,总想杀掉他。为了自保,他不得不反。

最终,汉隐帝没杀成郭威,反倒被郭威的同伙杀了。

不过,郭威没有立即篡汉称帝,因为"不合法"。

他立了汉隐帝的一个幼子为帝,实为傀儡。

傀儡即位后,后汉朝野很快传出"契丹将要入侵"的新闻。郭威当仁不让地成为抵御侵略的指定人选。

郭威立即领军出发。然后在征途中，被哗变的士兵"黄袍加身"，成为皇帝。

回军后，后汉皇室没办法，只能禅让。

这就是郭威用亲身经历为赵匡胤上的生动一课。虽然给赵匡胤上课并不是他的本意。

后来的事实证明，赵匡胤圆满地将郭威的技术学到了手，并且成功地付诸了实践——做上了皇帝（960年）。

只不过，赵匡胤的亲兵"哗变"的地点叫陈桥，所以称作"陈桥兵变"；赵匡胤建立的宋朝更加伟大，所以后世大多只记得赵匡胤的"黄袍加身"。

此外，郭威篡的是后汉，赵匡胤篡的是后周。

仅仅十年就被自己的小弟给篡位了。

所以，郭威终究是自掘坟墓。

两面性格：违逆自私与宽容仁厚

赵匡胤和郭威似乎不同。他不是被逼造反，而是蓄意篡位。

当时，欣赏赵匡胤的后周世宗柴荣在出征期间病逝。世宗幼子，年仅七岁的柴宗训即位，是为周恭帝。

新帝年幼，其母孱弱。赵匡胤遂得到篡位的机会。

他和郭威一样，假造外敌入侵的消息，然后作为最牛大将，担负起抗敌的重任。然后出征、行军、"哗变"、披上黄袍，一气呵成。再回到汴梁，迫使柴氏禅位。然后登基、称帝，是为宋太祖。

需要说明的是，在赵匡胤篡位之前，后周的皇帝姓柴。这是因为，后周的开国者郭威，其子嗣都被后汉给杀了。所以只好把皇位留给了他信任的柴荣。

柴荣有子嗣，但和郭威一样，也只做了一代皇帝，就被赵匡胤推翻了。

不过，赵匡胤做皇帝，是天下的幸运。

为什么呢？

这就涉及赵匡胤本人的两面性：其一，谋权篡国，处心积虑，违逆，自私；其二，禁止杀戮，和平政变，仁慈，宽容。

前者不必多说，因为已经阐述。后者需要说明。

其一，赵匡胤命令自己的亲信、支持者，在政变成功之后，不能杀人：无论是后周皇室柴氏，还是旧朝的官员大臣。事实上，政变中只有一名带兵抵抗的禁军将领被杀。

其二，赵匡胤禁止部属伤害百姓。不能拿百姓一针一线，更不许烧杀抢掠。

这就超越五代历次的改朝换代，是赵匡胤的宋朝得以长久的立国之基。

而赵匡胤的双面性，既一面违逆、自私，又仁慈、宽容，也表现在他称帝后的治国策略中。具体来讲，是专制、集权和宽容、仁慈的矛盾统一。

两面政治：宽容仁慈与集权专制

宽容仁慈的一面

1. 对于武将功臣，赵匡胤吸取唐朝藩镇割据导致亡国的教训，决心要削藩。

如何削藩呢？

汉高祖刘邦的办法是杀。

明太祖朱元璋的办法是杀。

然而，宋太祖赵匡胤的办法是不杀。

不杀是相反的解决之道。这就是"杯酒释兵权"。

赵匡胤称帝后，把各路武将功臣招来，一起喝酒。

史书记载，喝酒期间，他对功臣们说："你们想不想做皇帝？如果你们不想，你们的部下想不想？纵使你们不想，你们的部下想，哪天把黄袍往你们身上一披，逼你做皇帝，你们做不做？"

功臣们明白了，这是皇上要我们交兵权，怕我们功高盖主，把皇上当年做的事再做一遍。

可是功臣们不知道该怎么做。只能跪下，给皇上磕头："我们不敢呀。还请皇上给指条明路啊。"

于是赵匡胤笑了,露出一副慈祥的救世主的神态,说:"人生在世,不就图个富贵吗。各位不如解交兵权,回家安享富贵,再结为亲家。岂不皆大欢喜?"

功臣们哪敢不从? 于是回去之后,纷纷递交辞呈,要求告老还乡。

赵匡胤一一准奏,并赐给良田、金银无数。

这就是赵匡胤在对待功臣武将上仁慈宽容的一面,既达到了"铲除"威胁的目的,又保证了功臣们的安稳生活,还得到了人心。

2.赵匡胤对待旧周柴氏,不但不杀,并且要精心侍奉,封周恭帝柴宗训为郑王。

后来得知,柴荣还有另一个儿子(一个婴儿还在世)。谋臣赵普等建议将他杀掉,以绝后患。但赵匡胤说:"我继承了柴氏的皇位,又要杀他的后代,实在于心不忍。"于是没有听从谋臣的意见,并让一个大臣将之收为了养子。

后来,这名孩子长大,还做了大宋的官员。

这是赵匡胤对待柴氏仁慈的一面。

3.赵匡胤对大臣文人的态度,有一点可以说明。

宋太祖有遗训,其中一条"不得杀士大夫及上书言事人"。就是说,不能杀大臣、官员及一切向朝廷提意见的人。

这就是宋太祖的态度:保障人权,言论自由。

以上三事例是政治上宋太祖宽容仁慈的一面。

专制集权的一面

1.对于功臣武将,宋太祖收了他们的兵权,让他们回家安享富贵。然而,这正体现了他加强朝廷集权的目的。

历代王朝,因地方势大或乱或亡的比比皆是。所以宋太祖要杜绝,坚决削藩。

首先,改藩镇养兵为朝廷养兵。八十万精锐部队,环卫京城,地方上的兵既少且弱。

此外,领军的武官三年一换,不能久任,防止将和兵产生感情。因为,小派别一旦形成,就有成为私人军队的可能,从而就有叛乱对抗朝廷的危险。

宋太祖的政策,导致兵将互不相识,所以兵不忠于将领,只忠于朝廷,有利于中央集权和社会和谐。

所以,"杯酒释兵权"的目的还是"中央集兵权"。

2. 对于旧周柴氏,宋太祖敬养他们,一是体现了仁慈,二是为了他们能够安心忠于大宋。

目的达到了。直至南宋灭亡,柴氏始终对宋朝廷不离不弃。

3. 对于大臣文人,其一,宋太祖尊敬他们,善待他们;其二,不管你怎么折腾,最终决定权在我。

大臣文人可以提意见,可以互相讨论问题,可以互相揭发检举,但不能挑战皇权。

特征之一:宰相须站立和皇上交谈。

宋朝以前,宰相可以坐下和皇帝对话。但到宋朝得站立和皇帝对话,元明清时须跪立和皇帝对话。

宰相须站立与皇帝交谈,始于宋太祖。

以上三点,是宋太祖从政治方面加强专制和集权的表现。

所以,宋太祖前面的仁慈和宽容是为了更好地加强专制和集权,终归是自私的。

然而,人虽都有私欲,但区别在于,在满足私欲的同时,给别人带来了什么——是给别人带来痛苦,还是带来好处?带来痛苦的,是暴君;带来好处的,是贤圣明君。宋太祖是后者。

两种经济:自由放权与国家垄断

宽容仁慈的一面

前面讲过,汉初、隋初、唐初都实行轻徭薄赋,让利于民的政策。无论农业、商业,都减免税赋,最终造就盛世。

宋朝也一样。

只不过，宋朝的商业自由，仅限于一些低端行业，比如服装、食品（肉食）、儿童玩具等。只有这些低端行业允许民间自由经营。

不过，即使是这样，宋朝的经济依然显现出空前的繁荣。

都说中国是农业国家，重农抑商，其实不尽然。唐宋城市的发展就是绝佳的证明。

而宋朝的进步还不止于此。

我们曾经介绍到，唐朝的城市实行"坊市制度"，即居住区和商业区分开。并且，唐朝的"令市"，商品交易的时间还有限制，比如"日中而聚，日落而散"等。而到了宋朝，这一状况发生了改变。

宋朝的城市，打破了传统的"坊市制度"限制。商业区和居住区不必分开，就像现代一样，出了家门，就有各种零售门店，比唐朝及之前都要进步。

此外，宋朝还取消了"宵禁"。所谓"宵禁"，就是唐朝及以前各代实行的制度，即禁止人民在夜里外出。宋朝取消了这一制度，繁华的商业街，到了晚上依然灯火通明，人流穿梭。就像今日北京的王府井、上海的南京路。

这便是宋朝经济自由繁荣之一窥。

然而，也有相反的另一面。

专制集权的一面

前面介绍过，管仲、商鞅、汉武帝、王莽、刘晏等，都在各自的朝代实行官营经济，即对盐业、铁业、酿酒业等暴利行业实行官营专卖政策，最终增加了国家的收入。但同时，也造成与民争利的局面，使民间经济萎缩，或带有局限性（商鞅、汉武帝和王莽尤为明显）。

宋朝也是如此。只不过，又有一些变化和创新。

其一，宋朝官营的规模更大，范围更广。其官营的产业，不仅包括传统的盐业、铁业、酿酒业，还包括茶业、醋业、象牙业、香料业等。

也就是说，你在商业繁荣的宋朝，想自由经营茶叶、食醋是不可能的。这些行业只有官府，或者得到官府授权的少部分商人可以经营。

其二，宋朝在专卖制度上有所创新。一个是"买扑"制度，类似今天的招标承包。就是说，一种资源或行业，如象牙业，由朝廷向民间招标，出价高者，可以买到经营权。另一个是"钞引"制度，类似后世的特许经营，主要在盐业。

就是说，比如你是一位商人，你想卖盐，首先得向有关部门进行申请；申请通过后，会得到一个准许卖盐的凭证；有了凭证，就可到指定部门提货（即盐），然后到指定地点销售。

由此可见，宋朝的官营经济，并非完全禁止民间商人分羹。

然而，毕竟还是官营经济，一切以官家的利益为重。

这是专制和集权主义在经济上的表现。

一文二武：文官为大与停战息兵

后世常讲，宋太祖实行重文轻武的政策。纵观整个宋朝，确实如此。

那么原因是什么呢？这需要从当时的历史背景说起。

当时，宋太祖前半生所生活的五代时期，军人武夫当道。当时后晋节度使安重荣曾经说过："天子，兵强马壮者当为之，宁有种耶！"

意思就是，只要武力强大，就能当皇帝。所以说，那是一个崇尚武力的时代。结果是，天下混战不已，政权天天换，国号日日新。受苦的却是百姓。

宋太祖清楚地看到了尚武的弊端。因此在夺取政权之后，就实行尚文的政策。

他不仅自己读书，还鼓励大臣读书；不仅鼓励文官读书，还鼓励武官读书。

所谓"赵普半部论语治天下"，其实在当时并不是什么夸张神话，而是早年读书甚少的赵普，在面对宋太祖询问的时候，为自己找个台阶下。后来，在太祖的鼓励和同僚的带动下，赵普发奋读书，手不释卷，最终成为一代名相。

不过，与政治、经济一样，宋太祖在文武偏废的问题上，也体现了两面性。

宽容仁慈的一面

如前文所说,宋太祖崇尚文治,是为了革五代之弊政,还天下一个太平。

对于老百姓来说,是民心所向。不仅社会和谐了,战乱和流血减少了,而且精神生活丰富了。

宋朝文人人才辈出。比如"唐宋八大家",有六位是宋朝人。

宋词更是文学史上的惊世创新,与唐诗、元曲、明清小说一样,在华语文学史上占有重要的地位。

宋朝的思想学术和教育事业也很发达。比如诞生了程朱理学,发展了科举制等。

专制集权的一面

其一,宋太祖鼓励读书,也是为了防止武官像五代时期一样肆意造反。

因为读"圣贤书",就会知道忠君报国、爱护百姓,就会知道"马上得天下"的后半句是"马下治天下"。这样,武夫们就会渐渐消除"兵强马壮者当为天子"的观念。

其二,就是削弱武官的权力,营造"将不识兵,兵不识将"的局面,使武官没有举兵造反的可能。

试想,如果你是一名小兵,你连你的将军都不熟悉,那么谈何效忠于他,谈何跟他有感情? 在这种情况下,如果他为了一己私利,让你去给他做炮灰,对抗朝廷,你会愿意吗?

武官不再造反,中央的统治当然就稳固了。

以上是宋太祖治国的三大主要方面,无一例外地体现了其治国风格的两面性。

而这种两面性,正是宋太祖本人性格两面性的另一种体现。

那么结果如何呢?

两个宋朝:文明造极与军事溃败

宋太祖背后的王朝,和他本人一样,亦表现出截然不同的两种特性。

其一,在宽容仁慈并且尚文的政策下,大宋王朝的经济、文化、科技等各方面空前繁荣。

除了在国内生产总值、城市化率以及文学教育上的进步外，还有诸多成就。

比如，"四大发明"除造纸术外，其余三项都成熟于宋朝；中国最早的股份制公司出现在宋朝；中国最早的职业经理人出现在宋朝；最早的纸币也出现在宋朝；宋朝一年的钢铁产量和英国工业革命时期的水平相当……

其二，"轻武"的政策导致宋朝在对外战争中处于劣势。

宋太祖"重文轻武"、宽容仁慈的政策是大宋可以延绵三百余年的重要原因之一。但同时也造成了外交上的悲剧。

有学者统计，宋朝在对外战争中的总胜率超过七成，但众所周知，宋朝两次灭亡于外族的入侵。

一次是 1127 年的"靖康之难"，北宋亡于金国。

另一次是 1279 年的"崖山海战"，南宋亡于元朝。

此外，在相对和平的时期，宋朝也经常依靠"岁币"维持和强邻的关系。比如，宋真宗时期每年给辽国三十万匹两的"绢银"，到宋仁宗时期增加到五十万匹两。

不过，值得一说的是，宋朝虽然在外交上总是处于下风，但那些占上风的"蛮夷之国"哪个也没有宋朝活得长。

辽国，907 年至 1125 年，国祚两百一十八年，亡于宋金联军。

金朝，1115 年至 1234 年，国祚一百一十九年，亡于宋蒙联军。

西夏，1038 年至 1227 年，国祚一百八十九年，亡于蒙古汗国。

蒙古汗国，1206 年至 1259 或 1260 年，国祚五十三年或五十四年，分裂于内斗。

元朝，1271 年至 1368 年，国祚九十七年，亡于明朝。

但是宋朝，从宋太祖 960 年立国，到 1279 年南宋亡于元朝，国祚三百一十九年，在秦朝统一中国之后，仅仅短于汉朝（约四百年）。

这就是宋朝命运的两大特性，即经济文化上的卓越成就，以及军事外交上的巨大悲剧。虽然可能的原因很多，但毕竟和宋太祖性格上及其治国策略的两面性不无关系。

两个太祖：一代明君的两个结局

宋太祖自身的命运,似乎也因为他的两种个性,呈现出两种截然不同的结局。

其一,宋太祖以宽仁对待臣民,换来了臣民的敬爱与忠诚。

其二,宋太祖违逆自私,篡取皇位,最终也使自己落得同样的结局。

当年,宋太祖从后周手中夺取皇位,篡夺了柴家的江山,剥夺了柴氏子孙做皇帝的权力。

后来,他削弱藩镇,集权中央,以图避免重蹈覆辙。

然而,976 年,宋太祖被弟弟赵光义害死(据说),享年五十岁。赵光义做了皇帝,即宋太宗。

太宗不仅获得了哥哥的皇位,也剥夺了哥哥的子孙做皇帝的权力。

北宋后来的皇帝皆为太宗的子孙。

后来,太祖的后代重新坐上了宋朝皇帝的宝座,但那已经是北宋灭亡、宋廷南渡之后的事了。

范仲淹

功亏一篑的『庆历新政』

宋仁宗时期,天下大治,史称"仁宗盛治"。不过在这期间,北宋还发生过一场改革运动,史称"庆历新政"。而"庆历新政"的设计师,是范仲淹。

范家有子志气高

范仲淹,字希文,是唐朝宰相范履冰的后代。范履冰是武则天时期的官员,以正直敢言著称。后来的事实表明,范仲淹继承了祖先的这一特点。

范仲淹是苏州吴县人,位于今天的江苏省苏州市。吴县历史悠久,从商朝起就是我国领土的一部分。春秋时期的伍子胥、东汉司徒邓禹等都在此地留下过自己的足迹。民国时期十九路军部分抗日英雄的陵墓亦在此地。

范仲淹有着曲折的童年。他两岁时便失去了父亲,随改嫁的母亲跟随继父生活。《宋史》曰:"少有志操。"他自幼便显示出远大的志向以及优良的节操。

后来,范仲淹渐渐长大,知道了自己的身世,心中百感交集。于是辞别母亲,外出求学。

范仲淹学习刻苦,不抱怨生活的艰辛。他学习"昼夜不息",冬天学习疲倦的时候,就用冷水洗脸,以此消除倦意。食物也匮乏,常常只能以稀粥充饥。其他同学不能忍受这样的艰苦,但范仲淹并不在乎。

后来,范仲淹学有所成,参加科举考试,中了进士,得以入朝为官,同时把母亲接到了任职地一起居住。

由此可见,范仲淹虽然有着曲折的童年,但他学习刻苦,成绩优异,而且非常孝顺。至于他得知自己的身世后,为什么百感交集,然后外出求学,史书里并没有说明。但从后来的事情看,很有可能的是范仲淹得知了母亲的艰辛,感怀于母亲对自己的养育之恩,于是发奋读书,获取功名,以报答母亲!

两袖清风能力强

进入仕途后，范仲淹先后担任盐税官、大理寺丞、粮料院官员等官职，后来母亲病逝，就辞职回家守丧。

守丧期间，应天府知府、同时也是著名词人的晏殊对范仲淹颇为欣赏，就将他安置在"府学"。对于这个府学，我们可以理解为将其招至麾下，但也许并没有实际的官职。因为，此时的范仲淹还在守丧。

在府学期间，范仲淹表现出为政才华。他向朝廷上书，内容包括：请求选拔优秀的郡守、县令，辞退一批好逸恶劳或不称职的官吏，慎重地进行选举，并安抚慰问军中的将帅等，共计一万余字。在那个使用文言文的年代，这绝对算是一篇长文。同时也可以看出范仲淹是一名正直有为、敢于直言的政治人才。

服丧期满，因为晏殊的举荐，范仲淹得以担任秘阁校理。秘阁校理是一种文官官职。

任职期间，范仲淹尽显才华与高尚的品格。他精通儒家经典《六经》，以及群经之首《易经》。当时的学者文人向他提问，他就拿着经书不辞疲倦地为他们解释。

范仲淹还经常把自己的俸禄用于救济云游四方的自由派人士，以至于自己的儿子都没有足够的衣服穿。但他对此甚是泰然。

范仲淹还经常慷慨激昂地议论国家大事，敢于批评政府。在他的影响下，当时的士大夫阶层普遍拥有高尚的节操。

比如，在天圣年间（1023—1032 年），有一次朝廷修建太一宫和洪福院，要在陕西购买木材。当时，范仲淹上书说："大兴土木，侵扰百姓，这不是顺应民心、迎合天道的做法，应该停止修建寺院宫殿，削减每年收购木材的数量，以清除积欠。"又上书说："皇帝宠信的近臣大多由宫内直接任命，这不是太平时期的政策。"虽然这些建议没有被采纳，但《宋史》说："仁宗以为忠。"意思就是，这些谏言，使宋仁宗认为范仲淹是忠臣。

可见，范仲淹是正直敢言的忠臣，宋仁宗也是一位能够识人的皇帝。

范仲淹十分关心民间疾苦。有一年，宋朝发生了蝗灾与干旱，江淮地区灾情严重。范仲淹上书请求派遣使者前去慰问安抚，但没有得到答复，于是再于皇帝闲暇时进言。见了皇帝，范仲淹说："皇宫里如果半天不吃饭，会怎么样呢？"听了这个话，宋仁宗似乎可以想象到灾民的痛苦了，于是命范仲淹安抚灾区。

到了灾区之后，范仲淹开仓放粮，赈济百姓，又废除当地人不合礼制、徒增浪费的祭祀活动，以节省财物。此外，还分条上奏请求改革当地的弊政，包括免除部分地区的税收和劳役等。

后来，范仲淹调任苏州知州，依然勤政爱民。苏州发大水，农田无法耕种，范仲淹就主持疏通五条河流，将太湖水引导注入大海。又招募人民耕作，以恢复生产生活。

灾后重建尚未完成，朝廷就调范仲淹到明州任职，好在当地转运使上奏朝廷，请求让范仲淹留下将工作完成。朝廷予以批准，于是范仲淹得以将工作做得圆满。由此也可以看出，范仲淹为政出色，受到朝廷的重用，一地的工作未完成，就连忙调他治理他方。

范仲淹不仅为政有方，带兵打仗也毫不含糊。宝元二年（1039年），刚刚建立的西夏不服宋朝管理，在边境挑起战争，并于延州之战中击败宋军，宋国朝野大震。

临危之际，宋仁宗派遣范仲淹到延州任职，负责抵御西夏的战事。到任后，范仲淹改革军制，训练士兵，修建军事基地，等等，最终使战局扭转，边境转危为安。宋仁宗赞叹范仲淹道："我本来就知道仲淹堪当大任，如果仲淹出兵援救，我就没有什么可担心的了！"不久就对范仲淹予以升官嘉奖。

《宋史》说："仲淹为将，号令明白，爱抚士卒，诸羌来者，推心接之不疑，固贼亦不敢辄犯其境。"意思就是说，范仲淹做将领，号令明白，关爱士兵，对羌族人以诚相待，所以贼寇不敢轻易侵犯边境。

"条陈十事"启新政

宋仁宗迫切地希望天下太平，经常询问天下的治理情况。范仲淹对友人说："皇上对我的信任和重用无以复加，但事情总有先后，长久安定所积累的弊病，不是一朝一夕可以解决的。"

然而皇帝执意进取,亲笔诏书,要求范仲淹等大臣拟出改革计划。范仲淹"惶恐",不久献上《答手诏条陈十事》,给出了十条改革计划。皇帝尽数采纳,予以执行,这便是北宋时期著名的"庆历新政"。

下面来看看范仲淹提出了哪些计划,即"庆历新政"的主要内容,从中可以看出在改革之前北宋社会面临的一些重大问题。

其一,明黜陟,即严明官吏升降与赏罚。

这一计划,延续了范仲淹在晏殊门下时的主张,而将其列在《答手诏条陈十事》的第一位,显示了范仲淹对此项工作的重视。

主要内容包括:中书省和秘书院的高官,若要升职,必须立有大功或大的善举;其他朝廷官员及地方官,若要升职,必须在职满三年,且要有政绩;未经选举而上任的京官,若要升职,必须在职满五年,且要有政绩。

此一项实际上亦是官员考核的办法。可见改革之前的官员任免制度应是相对混乱的。

其二,抑侥幸,即限制依靠侥幸和投机获取官职。

依靠侥幸和投机获得官职,主要指依靠关系和背景获得官职,致使一批无能子弟坐吃空饷,徒耗国家财政。此一项也是为打击腐败。

其三,精贡举,即改革科举制度。

以往的科举,注重考生诗词歌赋的才华,以及死记硬背圣贤语录的能力。范仲淹则主张优先考核"策论",其次考核诗赋;优先考查考生对经典含义的解释,而非单纯的死记硬背。所谓"策论",指的是对政事提出意见和问题的解决办法,注重实际应用能力。

此一项实为素质教育改革。

其四,择长官,即精简官员。

当时地方官僚系统臃肿,且无能之辈甚多,徒耗国家财赋,增加百姓负担。范仲淹主张精简官员,择优汰劣,利国利民。

此一项与第一项大同小异。

其五,均公田,即平均职田。

职田,是北宋地方官的一种定额收入来源,但往往分配不均。范仲淹认为,供给不均,就会造成官员心里不平衡,导致怠政、腐败。所以主张平均职田的分配,在此基础上才能督促他们廉洁为公,对违法者则予

147

以撤职或查办。

此一项实为从制度上打击腐败。

其六,厚农桑,即重视农业生产。

主要为整修农业基础设施,包括水塘、堤坝等。其中包括鼓励地方官民向上级反映情况,发表意见。此一项具有民主精神。

其七,修武备,即整治军事防备。

主张招募京城附近的壮士担任卫士,以辅助正规部队。卫队成员一年三季种田,一季训练,可以达到基本自足、减少政府军费开支的目的。

其八,推恩信,即广泛落实朝廷的惠政和信义。

如果朝廷下诏赦免犯人,遇有拖延不办的,予以严惩。派使者巡察各地,监督朝廷惠政的施行,以确保好的政策落到实处,使百姓真正受益。

其九,重命令,即严肃对待发布的命令和制定的制度。

如果政令无常,朝发夕改,那政府还有什么权威,老百姓对官方还有什么信任? 所以范仲淹主张慎重发布法令和制度,剔除烦琐无用的,只留精要可行的,以免频繁改动。

其十,减徭役,即减少人民的义务劳动。

古代的徭役,即政府规定百姓要参加的义务劳动,如修桥、铺路、协助军队等,过重的徭役会使人民负担沉重。范仲淹主张减少人民的徭役,减轻百姓的负担。

以上便是《答手诏条陈十事》中的“十事”,也是“庆历新政”的主要内容。那么效果如何呢?

无奈小人拦路忙

《宋史》曰:“仲淹以天下为己任,裁削幸滥,考覆官吏,日夜谋虑兴致太平,然更张无渐,规摹阔大,论者以为不可行。”

意思就是:范仲淹以治理天下为己任,剪裁无能侥幸的官员,制定考核政绩的制度,日夜谋划祈望天下太平兴盛。但是改革没有合理的步骤,规模太大,涉及面太广,没有循序渐进的规划。议论的人都认为不可行。

这是当时旁人的看法。具体施行之后发生了什么呢?

《宋史》又曰："任子之恩薄，磨勘之法密，侥幸者不便。于是毁谤浸盛，而朋党之论滋不可解。""多所举劾，人心不悦"。

意思就是，新法推行之后，可以依靠关系背景获取官职和俸禄的人群的范围缩小了，考核制度也变得严密烦琐，这两项对投机、侥幸分子非常不利，使他们失去了不劳而获的机会，而这些人又多有势力背景，于是毁谤改革和范仲淹本人的声音渐渐多了起来，指控范仲淹勾结朋党的声音也逐渐被皇帝听说了。改革不得某些人心，于是弹劾之声四起。

可见，"庆历新政"触犯了既得利益集团的利益，而改革派又没有足够的力量（否则怎么会毁谤声、弹劾声四起呢？），连皇帝也渐渐动摇了。

不久，边境再次告急，皇帝于是任命范仲淹为河东、陕西宣抚使，以平边境之乱。同时赏赐范仲淹百两黄金，但范仲淹将黄金全部分给了边境的官兵。麟州遭到胡虏的劫掠，损失惨重，百姓流离，言事者大多建议放弃此地。但范仲淹不以为然，欣然前往治理，他恢复基础设施建设，招募流亡的百姓，又免除他们的租税，给予他们经营酒业的权利，又上奏免除当地的商业税，使百姓可以没有负担地恢复生产生活，勤劳致富。不久，这一地区就重新安定繁荣了。

然而，一边范仲淹在治理被战乱毁坏的地区；另一边，京城里的反对派趁他不在朝廷，进一步加紧了对他的攻击。压力之下，范仲淹辞去朝廷职务，被任命为资政殿学士及陕西宣抚使等。他的改革措施渐渐废止，"庆历新政"也宣告失败，历时仅一年有余。

后来，范仲淹生了病，调任到邓州任职。不久，又被调任至荆南地区，然而，赴任之时，邓州的百姓拦住使者，不让范大人走，范仲淹本人也希望留任，最终获得了朝廷的批准。

由此可见，即使是生病，范仲淹也是一方好官，深得百姓爱戴。这样的人怎能不叫人感动。

大业未成身先死

后来，范仲淹被调任到杭州，升迁至户部侍郎，又调任青州。此时病情加重，于是请求调去颍州。然而，还没到任，范仲淹就去世了，享年六十四岁。朝廷追封他为兵部尚书，谥号文正。宋仁宗悲痛，深切哀悼慰问,亲笔为其墓碑题字,曰"褒贤之碑"。

《宋史》云:范仲淹性格内刚外柔,极为孝顺。因为母亲在世时家中贫困,所以后来虽然显贵,但没有来宾的时候就不吃两种以上的肉食,极为简朴。妻子儿女的衣食,也仅仅能够自足。范仲淹为人善良,经常帮助他人,不吝施舍,在里巷中设立义庄,以赡养家族中老人。他所到之地,百姓都能知道他的大名。他去世之后,凡是听说的人,都为之叹息。

范仲淹为政忠实宽厚,勤政爱民,所到之处,百姓都受到恩惠。无论是汉人还是羌人,百姓都为他设立祠堂供奉他。他去世后,受过他恩惠的羌族人,在首领的带领下,前来吊唁,都恸哭不已,像是失去了父亲,斋戒三日才离去。

范仲淹的离世,让受过他恩惠的百姓悲伤不已。但是,并不是所有人都是如此。有些人,反而会弹冠相庆。哪些人呢? 当然是在"庆历新政"中遭受打击的某些人。

一代更比一代强

不过,这些人的好日子过不了多久。因为,在继承宋仁宗皇位的宋英宗之后,是血气方刚、锐意改革的宋神宗。神宗比仁宗要强硬得多,在他的治下,另一场更为坚决的改革轰轰烈烈地展开了。此次改革将在中华大地上掀起更大的波澜。

王安石

『国家主义』难解历史困局

世界上有这样一种人：他们有着卓越的智慧，过人的胆识，并且超凡脱俗，但同时又自以为是，刚愎自用，不食人间烟火。

王安石大抵就是个典型。

特立独行拗相公

王安石，字介甫，号半山，江西临川人，北宋名相，"唐宋八大家"之一，人称"拗相公"。

怎么"拗"呢？

就拿吃饭来说，王安石吃饭的时候，只吃离自己最近的一盘菜。不管这菜是什么。

有一次，离他最近的一个菜是鹿肉丝，结果他就把鹿肉丝全吃光了。别的菜一口没吃。

仆人以为他酷爱鹿肉丝，就在之后吃饭时，又做了这道菜。

王安石的夫人最清楚自己的丈夫，就告诉仆人，这次你把鹿肉丝放远处，看他如何吃。

仆人照做了。结果王安石看都没看一眼，又把离自己最近的一盘菜吃光了。

仆人肯定是目瞪口呆。

不过，他肯定不知道王安石为什么这样。

为什么这样呢。

因为，王安石作为一个思想者，不讲吃穿，不拘小节，唯以天下事为忧。吃饭对他来说，只是为了维持生命健康，并不是什么重要的事。这就是王安石"超凡脱俗"的地方。

然而，王安石不仅自己如此，对来到家里的客人，他也一视同仁。

有一次，有位名叫萧公子的亲戚来拜访王安石。

萧公子盛装前往，心想一定会受到热情的款待。

但到了王家之后，丝毫看不到盛宴的迹象。中午都过了，开饭的意思都没有。

萧公子很饿，但又不能直说，也不好意思告辞，只能端坐无奈。

不知什么时候，王大人终于宣布开饭了。

但除了几杯小酒和简单的菜羹，只有两块胡饼，还有几块肉。

萧公子震惊了。这就是当朝宰相请客吃饭啊。

但他又不好意思说什么。

因为他很挑食，他拿起胡饼，只咬了中间的部分。剩下的，就扔在了桌子上。

这时他又震惊了——王安石把他剩的饼捡起来吃了。

萧公子惭愧不已，告辞了。

这是关于王安石用餐的事情，是王安石"拗"本色之一窥。还能怎样形容呢？

特立独行，自我，潇洒，等等。另有其他证据为证。

比如，有一次王安石家里新来了一个妾。王安石不认识她，是夫人新买来的。原来，这女子的丈夫欠了债，到期无法偿还，不得已就把妻子卖了。王安石一听，这可不行。就让女子回去了，钱也没要。

北宋时期的官员妻妾成群似乎很正常。可王安石不是这样，就一夫一妻。

他喜好什么呢？治国，匡扶社稷。似乎就这一个兴趣。他连自己的外表也不在乎。

怎么说呢。当时王安石的同僚形容他"囚首丧面"，什么意思呢，外表邋遢脏乱得像个囚犯，表情像亲人去世一般。

所以，可以初步判断王安石的个性：其一，特立独行，志趣高雅，不拘小节；其二，潇洒，自我，不入流俗。

如果王安石以这样的个性，专心做一个文人，那大可做一个风流倜傥、超凡脱俗的大才子,名留青史。

然而,王安石的志向并不在此。

"国家主义"强势来

意气与日争光辉

王安石想匡扶社稷,并不是异想天开。因为他有极高的智慧和才华。

幼时,他饱读诗书,才华初显。

后来,参加科举,考中进士。

中举后,在地方上做官,不仅勤政爱民,还政绩斐然,获得了社会各界的广泛好评。

然而,这只是王安石风光的一面,还有另一面。

比如,王安石科举考中进士,其实是被"潜规则"了。怎么"潜规则"呢?原来,王安石的成绩本来是第一名,状元,却被当权者生生降到了第四名。

怎么回事呢?

原来,王安石在试卷上写了"孺子其朋"这句话,被当时的皇帝宋仁宗看到了。

这句话什么意思呢。意思就是,孩子啊,今后和群臣要像朋友一样好好相处啊。这本是周公对周成王说的,周成王是晚辈。也就是说,这是长辈教育晚辈所用,但是王安石却用来教育皇帝。

所以宋仁宗很不满。大笔一挥,就把第一改成第四了。

不过王安石对此并不在意。因为他的志向并不仅限于科举,而是要匡扶社稷。对他来说,科举就和吃饭一样,只是通往理想道路上的一个手段而已,并不是最终的目标。他根本不屑于科举考试的排名。

那么这些说明什么呢。

说明王安石在超凡脱俗之外,还有另一大个性,那就是极度自信。

用他自己的话说，就是"意气与日争光辉"。

要与太阳比个高下，志向远大。但当时志向远大的，并不止王安石一人。

而这另一个人，后来成为王安石的伯乐。在他的支持下，王安石的个性终于可以自由地施展，理想也得以付诸实践。

君臣的相遇

王安石的伯乐是宋神宗，北宋第六代皇帝。登基时年仅十九岁。

历代锐意改革的帝王，多是年轻人。如秦孝公、汉武帝、魏孝文帝、唐德宗等。因为年轻人富有进取心和叛逆心，敢于大破大立。宋神宗也不例外。

宋神宗之前，在宋仁宗和宋英宗时期，朝廷曾经多次诏王安石进京做官，以辅治国。但王安石都谢绝了，就是因为当时的皇帝与王安石的想法不符。王安石曾经向宋仁宗谏言，历数当朝政治的多项弊病，建议全面改革。但宋仁宗拒绝了，王安石因此看清宋仁宗虽为一代仁君，但并不能让自己施展抱负。

后来，宋仁宗去世，宋英宗继位。

但英宗同样不是那个伯乐。

再后来，英宗去世，神宗即位。终于柳暗花明。

宋神宗血气方刚，志向远大，要富国强兵。所以君臣一拍即合。

改革就此拉开序幕。

问题的源头

王安石为什么改革，还要从当年宋太祖的政策说起。

当年，宋太祖开创宋朝，做了两件别开生面的事情。

一个是"杯酒释兵权"，另一个是崇尚文治。

这两大作为，在当时取得了什么效果，这里不再赘述。

但是，历史进入宋神宗时期，北宋已开国一百余年，情况发生了一些变化。这两大作为的弊端开始日益凸显。

首先，宋太祖夺了功臣武将的军权，让他们回家经商发财，并给予优惠政策:赠与豪宅良田;鼓励其经商,减免商税。

这造成了什么结果呢?

其一,功臣们成为大地主、大商人,有钱有势;其二,他们有钱有势,就兼并土地,垄断市场,挤占民间财富;其三,他们向下挤占民间财富,向上阻碍国家收入,成为名副其实的特权阶级和既得利益者,一如前代的贵族,士族门阀。

比如,南宋"中兴四将"之一的张浚,不仅私营海外贸易、酒肆等产业,还有良田无数,每年收入的田租就达六十四万斛。粗略计算,相当于今天的三千八百四十万公斤。

其次,宋太祖崇尚文治,不仅广设文官,还极其优待文官。

那么造成什么结果呢?

其一,官员无比富足,所以骄奢淫逸之风渐盛。

其二,政府开支巨大,仅给官员发工资,就是很大一笔财政支出。宋朝官员的工资为历代最高,约为唐朝的两倍,明清的五倍。

其三,和功臣武将一样,文官也成为具有特权的大商人、大地主。他们挪用公款,偷税漏税,官商一体,压榨人民。以至于下捞民财,上侵国税。

这两大方面的问题:一方面造成了权贵横行,社会不公;另一方面更造成了国家财政的拮据,朝廷的疲软。

然而,让朝廷更头疼的是军费的问题。史书记载,宋代朝廷的收入,超过七成都花费在军费上,给中央政府造成了巨大的经济负担。

这是怎么回事呢?

其一,宋朝实行"募兵制",它的一大特点,就是当兵有薪水。

其二,宋朝周边强敌环伺,所以需要在边境驻扎大量军队。据统计,宋朝的士兵人数约一百四十万。

其三,为了社会和谐,实行养兵政策。所养之兵,有三大主要来源:

(1)荒年灾年没有饭吃的农民、流民;

（2）危害社会的罪犯；

（3）贫富差距拉大、土地兼并造成的无立锥之地的农民。

国家把这三种人大量招进军队，养了起来。虽然减少了社会的不和谐，但无疑使军队更加臃肿，军人素质参差不齐，更重要的是进一步增加了国家的财政负担。

以上，皆为当时北宋之困局，虽然国家仍然能够运转，但脚步已然越发沉重。

而王安石和宋神宗要做的，就是在更大的危机到来之前，改变现状。

如今神宗要自强

在宋神宗的鼎力支持下，王安石开始变法，史称"王安石变法"，即"熙宁变法"。

变法的内容包括财政及军事两大方面。在十几种新法中，以均输法、市易法和青苗法最具代表性。

1.均输法。

在历代改革中，无论是汉武帝变法、王莽变法，还是刘晏变法，都经常看到这项内容。

他的目标是什么呢？当然是增加政府的财政收入。

具体做法就是设立"转运使"，总管全国重要资源的生产、运输和销售。

比如，粮食、食盐等民生必需品，皆由"转运使"及其配套的官营部门生产和销售，民间商人不能涉足。

变法前，民间商人还能通过招标和申请承包经营这些商品。但现在一律禁止。

对百姓来说，一切生活必需品都是国家销售。

2.市易法。

如果说"均输法"是国家对重要资源的垄断，那么"市易法"就是国家对城市零售业的垄断。

市易法的目的：一是控制物价，稳定市场；二是增加政府收入，和均输法一样。

具体做法是在各地设置市易司，负责收购市场上的滞销商品，然后转到缺乏该商品的地区销售。价格则由市易司决定。

比如，天气凉了，武汉的扇子滞销了，货物积压。这时，就由市易司对其进行收购，然后卖到需要扇子的地方，比如广州。这样，武汉的扇子不会被浪费，价格不会暴跌，又使广州的人民有扇子可以买。由于倒卖扇子的是政府部门市易司，所以这就提高了政府的收入。

3. 青苗法。

如果说"均输法"和"市易法"是王安石对桑弘羊、刘晏等前人经验的继承，那么"青苗法"则完全是王安石的独创。

青苗法是农业制度的改革，其目的，一方面是减轻农民的负担；另一方面，仍然是增加政府的收入。

具体做法是由朝廷代替高利贷者，向农民发放贷款，所贷的"款"，可以是现金，也可以是粮食种子。一年可以贷两次，利息两成。

这三大新法的目的，大抵都是稳定市场，控制贫富，从而增加政府的收入。

原理是由朝廷代替原本的营利者，包括大商人、大地主等，成为全国经济的操控者和获利者。

也就是说，朝廷成为全国最大的垄断商人。所以说，王安石的变法实际上就是汉武帝、王莽、刘晏等前人变法的延续。

那么，变法的效果如何呢？

答案是，变法初期，政府的财政收入猛增。比如，仅市易法所带来的收入，就相当于全年农业税收的三成；而青苗法所获得的利息，则多到国家不得不新建五十二个仓库才装得下。

此外，随着朝廷收入的增加，国力的提升，宋朝在对外战争中也取得了突破性胜利。在变法的第五年，宋朝发动对吐蕃的战争，取得大捷，扭转了宋朝在西部地区的被动局面。

然而，这只是变法积极的一面，还有更为消极的一面。

汉武帝执政的后期，社会凋敝，群盗四起，秦末的景象重现；王莽改制，天下大乱，更不如前，仅十五年便身死国灭；刘晏改革，虽然解唐朝一时之危局，但致使民间经济凋敝，盛世不再，唐朝再没能恢复元气。

所以，从历史的经验中，我们可以看到，朝廷控管的经济制度长期是不行的。虽然能在短时间内增加朝廷的收入，但长远来看必将导致更大的混乱。

王安石的变法亦是如此。

第一，官营控管的经济政策打击了原本繁荣活跃的民间经济。尽管这个繁荣的民间经济中，也有贪官污吏、特权阶级的参与。

第二，由于缺乏有效的监督和竞争，致使官营机构——如转运使、市易司中的官员贪污腐败，不是超低价买进，就是超高价卖出，百姓苦不堪言。

而在青苗法中，情况也是类似——官员为了提高"政绩"和完成指标，使自己成为比地主和高利贷者更严酷的压榨者。

比如，他们贷给农民的是旧粮甚至发霉的粮食，收回的却必须是新粮，而到了荒年，粮食减产绝收，朝廷依然一如从前，为了交息，百姓只能卖地卖儿女。

第三，由于国家取代的营利者，多是原本的特权阶级和既得利益者，所以引起了巨大的抵制和不满。

变法发展到这个地步，已然失败了。然而，我们说过，王安石的个性，极度自信，超凡脱俗，甚至刚愎自用。

所以，他并不像汉武帝一样，承认错误，反而相当地义正词严。这从他和司马光的通信中就能看出。

当时，批评变法者众多。同为朝廷重臣但不赞成变法的司马光就给王安石写了一封信，痛陈变法给国家社会带来的灾难，说他——侵夺官员职权，制造事端，侵占人民利益，拒绝他人的规劝，招致天下人的怨恨等。

王安石予以回信,是为《答司马谏议书》。信中他说:

"我接受皇上的命令,制定新法,在朝堂上商议之后,再推行下去。这不能算是侵夺官员职权。

"效仿古代圣君的办法治理国家,兴办有利于天下的事业,消除种种弊端。这不能说是制造事端。

"实行经济改革,为天下整理财务。这不能说是侵占人民的利益。

"抨击错误的言论,驳斥巧辩的坏人。这不能算是拒绝他人的规劝。

"至于招致天下人的怨恨和诽谤,那是我早就预料到的。"

…………

"人们苟且偷安,得过且过,人云亦云不是一天两天了。"

…………

"如果您是说我任职已久,却成绩不佳,没能给百姓带来好处。那我认罪。

"但是,如果您认为应该墨守成规,无所事事,那在下就不敢苟同了。"

从王安石的回信中,可以看出王安石敢于质疑庸俗苟且的凡夫大众、敢于挑战疲靡苟且的社会现状、敢于颠覆保守落后的旧有体制,这是他智慧卓越、胆识过人、超凡脱俗的一面,值得我们借鉴学习。

但是,另一方面,王安石为自己的错误进行巧辩,拒绝他人的规劝,对旧体制一味地否定,而看不出其存在的合理性,不免显得自以为是,刚愎自用。

荆公一去不复返

王安石的改革,初衷是好的。但是,理想脱离现实。

如果想要成功,办法恐怕只有一个:所有政策的执行者都和王安石本人一样。

王安石，尊称荆公。不好色，不贪财，不自私，不自利，一心为公。

如果政策的执行者都是如此，那就不会出现官府与民争利、贱买贵卖、压榨农民等现象。

如果那些既得利益者、特权阶级者，也像王安石一样，那他们也不会反对变法，成为改革的阻碍了。

当然，这些都是假设。如果某人拥有特权，又没人监督，那就会腐败。

但王安石这种人，他不需要外在的监督，只需内在的道德和信仰的监督就可以了。

在某种程度上，也许王安石把天下人都当成了自己。

这显然是不现实的。

所以，这场变法的结果便是极其现实的。

1085 年，年仅三十六岁的宋神宗去世，轰轰烈烈的"熙宁变法"也宣告结束。

宋哲宗即位，司马光随即取代了王安石的地位，一时新法尽废。

一年后，王安石在南京郁郁而逝。

然而，以司马光为代表的守旧派在掌权之后，并不能拿出比王安石更好的治国方略。所以新法被废不久之后，又被重新启用。

北宋政治日趋腐败，王安石的新法便在当朝奸臣的操纵下，进一步变味；官府变本加厉地与民争利，人民的生活也更加困苦不堪。

后来，北宋政权进一步腐朽。最终在 1127 年，被金国攻破了都城，掳走了徽钦二帝。

至此，北宋灭亡。

吕颐浩

南宋出海

北宋灭亡之后，宋廷南渡。康王赵构在杭州重建宋朝，史称"南宋"。赵构为宋高宗。

高宗即位之初，南宋立足未稳。彼时，金人再度南侵，击破宋军防线，直逼高宗府邸。

情急之下，高宗接受了一位大臣的建议，出海避难。待金兵撤退，才返回陆地。

这个建议高宗出海的大臣，叫吕颐浩。

两个不同

吕颐浩，字元直，祖籍乐陵，后迁居于齐州。早年考中进士。后经人举荐，入朝做官。

北宋末年，宋徽宗挥师北伐，意图收复从五代开始就被辽国占据的燕云十六州。吕颐浩被任命为转运使，负责后勤物资的调遣。

当时，北宋政权已然衰颓，并不具备开疆拓土、大展国威的实力。

吕颐浩很清楚当时的局势。于是他就给朝廷上书，劝皇上不要贸然行动。他说："开边极远，其势难守，虽穷力竭财，无以善后。"

意思就是，开拓极远的边境，即使一时成功，也难以维系，即使耗尽国家的财力，也无法妥善处理遗留的问题。同时，他还提到河北、燕山尚有危机亟待解除，所以建议朝廷暂缓北伐，从长计议。

可以说，吕颐浩的谏言颇为中肯，切合时弊。然而，创业心切的宋徽宗闻后大怒，不仅没有采纳，反而将吕颐浩罢官。

此时，距离王安石去世已将近半个世纪。结合历史背景，不难从王安石和吕颐浩的不同遭际中看到宋朝政治环境的变化。

首先，吕颐浩和王安石的政见都可谓切合时弊，但与王安石相比，吕颐浩的政见已趋于保守。这说明北宋政权已经过了开拓进取的时期，而日渐衰退。

其次，王安石的良苦用心被当时的宋神宗采纳，而吕颐浩的中肯谏言却换来了被罢官的结局。说明与王安石时代相比，此时的北宋统治者已经越发昏聩。

这两点，足以说明当时宋朝所面临的重大困局。

那么，后事如何呢？

后来，宋朝和金国联合伐辽，待灭辽后，将燕云地区划归宋朝。但是，宋朝在伐辽中失利，没能按照计划攻占燕云地区，只好向金国求援。

金国轻松攻占燕云，掳走人口财物、向宋朝索取岁币后，将已成空城的燕云各州丢给了宋朝。

金国看穿了宋廷的无能，便顺势南下，入侵宋朝。最终在1127年攻破了宋朝都城汴梁。北宋就此灭亡。

宋朝的困局最终演变成悲剧。宋徽宗的固执使他的王朝付出了比吕颐浩的担心更为惨痛的代价。

我们出海吧

然而，故事并没有结束。

面对祖国灭亡，金兵猖狂的危局，康王赵构南下杭州，重新建立宋朝，史称"南宋"。

但是，更大的困局却随之而来。

当时，南宋初立，政权未稳。金兵却锲而不舍地一路向南追赶，他们冲破了宋军的防线，已然直逼高宗府邸。

大敌当前，皇上已无退路。这便是当时宋朝面临的又一大危局。

就在此刻，吕颐浩（吕颐浩被徽宗罢官后不久恢复原职，高宗时任宰相）向宋高宗提了个建议："皇上，我们出海吧。因为金兵乃陆上蛮夷，不识水性，所以若能漂在海上，金兵必望海莫及。"

高宗答应了。于是君臣一起从明州出海，泛游于海上，躲过了金兵的追杀。

后来，金兵由于不断受到宋朝爱国军民的攻击，再加上不适应东南沿海的气候，便退兵北还。

宋高宗一众君臣这才结束漂流，返回大陆。

死胡同里的"国家主义"

虽然逃过一劫，但宋高宗和他的宋朝仍然面临巨大的挑战。

什么挑战呢？一个字，钱。

因为不管是政府运转，还是军队打仗，都需要庞大的财政支持。

但南宋初立，未得喘息，况且只剩下半壁江山，所以南宋政府的财政非常吃紧。这就需要经济学家为国家与政府出谋划策。

这时候，又是吕颐浩拯救了危局。

在吕颐浩之前，为南宋政府理财的是宰相李纲。李纲的财政思想是"节流"。原来，在古代，政府增加收入的办法就两种，一个是开源，一个是节流。

所谓开源，就是增加税收来源，比如增加税种、提高税率、官营专卖等。

所谓节流，就是减少政府的开支，政府用钱要节约，不要铺张浪费。凡是历代勤俭的皇帝，皆是如此。当时反对王安石变法的司马光也有此主张。

那么这两种办法哪个更好呢？

一般来说，在国家急需用钱的时候，开源的办法比较好。分为下列几种情况：

其一，国家需要征战时。如汉武帝时期，连年征战匈奴，就需要大量的财政收入以资军费。

其二，中央孱弱，亟须加强中央实力的时候。如"安史之乱"之后的唐朝，唐朝政府只能实际控制约六分之一的国土，中央实力孱弱，这就需要广开税源，提振中央财政。

而在另一些情况，国家不急须用钱时，则是用节流的办法比较好。分为下列几种情况：

其一，国家整体来说比较穷，即便广开税源也无多少钱财。比如汉初，据说汉高祖刘邦连一辆像样的马车都找不到，可见当时汉朝一穷二白。这时，政府就需要节流，并且休养生息，轻徭薄赋，鼓励百姓生产生活。

其二，在国家无须征战，安定治国时期。这也可以用汉初举例。汉初，国力很弱，想和匈奴打仗，也打不起。所以无须战争，无须修建众多大型工程,也就不需要太多的钱。又如唐朝前期,太平盛世,战争寥寥无几,也不需要"开源"。

那么南宋初期的情况如何呢。是需要开源还是需要节流呢?

显而易见,南宋初立,金朝强势,当然需要征战,打仗就需要军费,而且是大量军费。所以需要"开源",因为"开源"的效果比较快。

而李纲的方法是节流。

那效果如何呢?

应该说,还是有一定效果的。因为:

其一,宋朝的官僚系统,因宋太祖崇文的政策,所以冗官很多,官员待遇很高,这就需要大量财政支持。李纲"节流",剪裁冗官,缩减官员薪水,在一定程度上缓解了这种窘境。

其二,南宋初立,人心未定。李纲"节流"而不"开源",这就保护了老百姓,使老百姓不会因政府增税而负担沉重。

然而,只靠政府勤俭节约,远远解决不了军费紧缺的问题。以岳家军为例,当时岳飞的部队军粮不足、军饷不足,一度出现士兵杀马吃、剪发卖,甚至卖儿卖妻的情况。

可见"节流"的办法是行不通了。

在这种情况下,吕颐浩代替李纲执掌南宋经济大局,以"开源"的方式进行改革,主要有四个方面。

第一,加强盐业专卖。

盐业专卖一直是历代统治者增加财政收入的重要方式。从管仲、汉武帝,一直到刘晏、王安石,皆是如此。吕颐浩也不例外。

因为食盐是民生必需品,利润巨大,所以国家只要把盐业垄断起来,就能获得一份极为稳定的高额收入。

第二,增加各种杂税。

包括"经制钱""月椿钱"等,还包括头子钱、卖契钱、卖漕钱、添酒钱等各种杂税。但无论增加何种税,那都是汲取民财,以充国用。

具体来说,以头子钱为例,它相当于现代人所说的份子钱,如某村自发修公路,规定每个村民出资两百元等。

第三,设置都转运使。

转运使，起源于唐代，是负责运输事业的官营部门。到了宋代，成为"王安石变法"中"均输法"的重要组成部分。主要任务，就是对关乎国计民生的重要资源的运输和销售，如粮食等，其销售的利润则是国家财政收入的重要来源。

所谓"都转运使"，则是转运使的升级版。它的权力更大，负责的区域更广，是五品以上官职。除了运输和销售，还负责收纳税赋、维持治安等。

改革之前，吕颐浩认为转运事业的衰落是国家收入减少的重要原因，所以他上台后即恢复了这一事业。

第四，扩大通商范围。

吕颐浩为了增加收入，不惜与"敌国"通商。这个敌国就是金国在宋金之间扶持的一个傀儡政权，即伪齐，皇帝为刘豫。

当初，中原沦陷之后，中原百姓不断反抗金人的野蛮统治，袭击金兵的事件不断发生。金国为了稳定中原的局面，就采用"以汉制汉"的方法，扶持汉人刘豫，管辖中原地区，国号为齐。由于是傀儡政权，不为汉族正统所承认，所以被称为"伪齐"。

南宋和伪齐的通商始于刘豫。史载刘豫置"榷场"，作为南北商品交易的场所。后来吕颐浩认为通商可行，就向朝廷上奏请求准许。朝廷准奏，于是通商事成。

以上是吕颐浩经济改革的四大主要内容。那么改革的效果如何呢？

应该说，效果还是很不错的，至少达到了增加政府财政收入的目的。具体则表现为南宋军队的渐强。史载，改革之后，到绍兴三年，南宋立国第七年，南宋已有雄兵二十万，且装备精良，士气旺盛。和此前缺兵少粮的窘境相比已有巨大进步。

然而，这只是改革有利的一面。其还有不利的一面。

其一是私盐的反弹。

在吕颐浩改革之前，盐业的生意大量掌握在官、商、军队组成的强大利益集团手中，致使盐业的利润大量被私人占据。

改革后，国家接管了所有的盐业生意。这就触犯了这些大官僚大商人的利益，遭到了他们的强烈反对。私人倒卖食盐的事件不断发生，其中南宋"中兴四将"之一的刘光世的部将倒卖私盐的事件堪称典型。

其二是月椿钱制度的危害。

月椿钱和其他各种杂税一样,也是国家从民间汲取财富的一大手段。虽然吕颐浩征税的目标是官商一体的利益集团,但在执行过程中,官府以收税为借口对百姓横征暴敛,给百姓带来了沉重的负担。

史载,吕颐浩"创立月椿钱,为东南患"。就是说,月椿钱制度成为东南地区的一大忧患。

由此可见,吕颐浩的经济改革虽然缓解了南宋的财政危机,但也产生了不小的弊端。不仅得罪了既得利益集团,也侵扰了广大普通百姓。那么,面对这种情况,吕颐浩及其同僚的态度如何呢?

答案是:严厉打击与强制推行。

所谓严厉打击,主要指对私人贩卖食盐的打击;强制推行,则针对所有的改革政策。

他们为什么要强制推行遭到反对和造成危害的政策呢?

答案很简单,因为国家急需用钱。难道就没有可以兼顾国家和人民双方利益的办法吗?

这是一个老问题了,我们在介绍唐太宗的时候就已经谈过了。当时的结论是,这是一个历史性的难题,圣明如唐太宗也不能很好地解决,他也要依靠强制贷款、压榨富人来增加财政收入。如果那么好解决的话,汉武帝也不需要发布告缗令了,王安石也不需要变法了。

所以,吕颐浩解决不了这个问题是很正常的。

然而,历史发展了这么久,这个问题真的就不能解决吗?

困局何解

要想解决一个难题,我们首先得搞清楚这个难题产生的原因是什么。

所以,我们若想解决国强和民富如何兼顾的问题,就要先搞清楚为什么在历史上国强和民富难以兼顾。

其实,司马光已经为我们回答了。

他说,天下的财富是有一个定量的,不是在老百姓手里,就是在政府手里。如果老百姓富裕了，政府的收入就会不足；反之，如果政府富裕了，那老百姓就会贫穷。

这个解释对不对呢？

从历代改革的成败看，这个说法是很有道理的。你看，汉初"文景之治"，民富国弱，虽然民间经济高度繁荣，但中央政府很弱，为了防止匈奴入侵，不得不委曲"和亲"。

到了汉武帝时代，则正好相反，中央政府通过官营经济和强制性税收富裕了，但民间的财富却被掠夺一空。

唐朝前期的情况和汉朝类似，"安史之乱"的爆发就是因为中央政府太弱，无法控制地方豪强。

等到刘晏出山，重启官营经济，则使唐朝又回到了汉武帝时代的政策。只不过由于藩镇割据已成，中央政府独大的目标并没有实现。但掠夺民间财富的效果还是达到了。

后来，王安石变法，旨在加强中央集权，亦是重启汉武帝、刘晏的政策。司马光等"保守派"反对的理由也基于此。

如此看来，国强和民富的矛盾确实难以解决。

不过，有没有发现一个问题，司马光所说的情况，有一个前提条件，那就是"天下的财富是有一个定量的"。

那么，是不是可以说，如果天下的财富不是定量的，而是增长的，那国强和民富的矛盾就能解决了呢？

陆路不通，我们还有海路。

是的，我们还有海洋贸易。

向大海进发

在汉唐的辉煌时代，有一条横跨欧亚的漫长商道将东西方两大文明连在了一起。

这条商道，就是著名的"丝绸之路"。

在汉唐时代，"丝绸之路"基本上单指陆上丝绸之路，他以汉唐的都城——洛阳、长安为起点，经过中国西北、中亚，最终抵达欧洲。

通过"丝绸之路"，东西方的文明得以交流，不同地区的特产得以相互买卖。西方人从此可以骄傲地穿上中国生产的丝绸,中原人也得以品尝到西域的奇珍异果。

但是,到了宋朝时期,西域被西夏等民族政权占据,陆上丝绸之路也因此被打断,中原从此失去了通过陆路和西方交流的通道。

然而,人的智慧是无穷的。

虽然西北方向的陆上丝绸之路被胡人打断,但勇于开拓的古人在东南沿海,向着海洋的方向,开辟了丝毫不逊于陆上丝绸之路的"海上丝绸之路"。

海上丝绸之路,确实更为动听。但事实上,它不仅更为动听,还更加辉煌。

"海上丝绸之路"在南宋时期最为发达。由于陆上商路受阻,宋朝人不得不把海外贸易的方向转向海洋。

当时,与宋朝通过"海路"通商的国家有七十多个,一个名为"刺桐"的城市因此在西方名声大噪。

19世纪,西方的历史学家用了将近一个世纪的时间争论、考证这个在10—13世纪名声大噪的"刺桐"究竟在哪里。因为这个"刺桐"正是当时海上丝绸之路的起点,是世界海洋贸易的绝对枢纽。

后来,通过学者的探索及考古学家的发掘,终于确定海上丝绸之路的起点——刺桐就是中国福建的泉州市。

当时,无数来自世界各地的商船往返于泉州港,无数来自世界各地的商人汇聚泉州市,世界各国的语言、文字、宗教、服饰、食品汇集在以泉州为代表的中国沿海的各大港口。

而泉州能有如此成就,与宋朝政府对海外贸易的重视是分不开的。

据史料记载,北宋时期朝廷就在广州设置了市舶司,负责管理海外贸易。

南宋时期,领土骤缩,朝廷更加重视海外贸易。

南宋初,朝廷全年的财政收入只有一千万贯,而来自市舶司的税收就达一百五十万贯,占总收入的百分之十五。南宋政权得以维系,相当程度上基于这份收入。

到了绍兴年间,市舶司的年收入已达到二百万贯,占全国总税收的百分之六,依然对经济发展有着重要的作用。

可见,在宋朝,尤其是南宋时期,海洋贸易已成为商业文明的一大组成部分。

综上所述,南宋在中原沦陷,陆上丝绸之路受阻的情况下,以泉州为起点开辟了更为壮丽的海上丝绸之路,不仅促进了本朝的经济发展,也为中国开辟了经济发展的新思路。

同时,这或许也能回答我们之前的那个问题,即怎样增加天下的财富的问题。

答案就是,跳出藩篱,走向世界。

当年,吕颐浩用这个办法拯救了南宋的开国皇帝。而多年以后,同样的办法再一次拯救了南宋。

明太祖

汉族英雄与『老大王朝』之始

明太祖，本名朱元璋，字国瑞。曾用名朱重八、朱兴宗。安徽钟离县人。

从落魄少年到开国帝王

朱元璋自幼善于制造事端。

1328年，在中国安徽省钟离县，有一幢房子"着火"了。

众多邻人提着水桶，纷纷来救。

但是，他们赶至该幢房子跟前，却纷纷停了下来，并没有泼水。

原来，这幢房子根本没有着火。

但是，据前来救火的村民说，刚才确实看到火灾般的亮光。

那是怎么回事呢？

原来，这幢房子属于朱家。前几天，朱家刚刚诞生了一位新生儿，名叫朱重八。

据说，朱重八刚出生的时候，产房便被红光所笼罩。后来，怪事接二连三地发生。

这次房子发光，疑似着火，便又是一例。此前，这种事可从没发生过。

朱重八继续制造事端。

十岁时，朱重八和小伙伴们给地主刘德放牛。他们都是穷人家的孩子，所以经常吃不饱饭。这一天，他们在放牛的时候，又饿了。朱重八便提议，我们不如把牛吃了吧。

大伙同意了。于是他们把牛杀死，食之。

肚子虽然填饱了，可是问题来了："刘德知道了会怎么收拾我们呢？"

这时，朱元璋又提议了："我们把牛尾巴塞到石头缝里，就说牛钻进石头洞里出不来就行啦。"

他们照做了。但是，刘德并没有被骗，还"请"了他们的家长。结果他们被暴打了一顿。

朱重八十七岁时，家乡闹了饥荒和瘟疫。他的父母和哥哥相继去世。

朱重八一下子成了孤儿。

然而，更糟糕的是，朱家是贫农，没有一寸土地，所以朱重八找不到安葬亲人的地方。

无奈之下，朱重八向曾经的雇主刘德求助，希望他大发慈悲，提供土地。

可是，刘德拒绝了。

此时的朱重八，孤苦伶仃，连逝去的亲人都无法安葬，可谓窘迫到了极点。

所幸，另一位地主刘继宗向他伸出了援手。

他为朱重八提供了土地。朱重八终于可以安葬自己的亲人了。

解决完这桩家事，朱元璋似乎成熟了一些。他变得安静了。

他为了能吃饱饭，就进入皇觉寺，当了和尚。

然而，平静的僧侣生活并没能持续多久。在他进入皇觉寺一个多月之后，寺里也揭不开锅了。朱元璋只能另寻出路。

离开皇觉寺，朱元璋做起了"游方和尚"，走遍天下，四处乞讨。但三年之后，也许是厌倦了漂泊，朱元璋再次回到了皇觉寺安静地做起和尚。

这一次，朱元璋开始发奋读书，进一步打磨乖戾的棱角。

可是，后来发生的事情，打乱了朱元璋的生活。

当时，中国正处于元朝。

1279 年，由蒙古人建立的元朝，在崖山海域，击溃了南宋的最后一次抵抗，史称"崖山海战"。从此，南宋灭亡。中国进入元朝的统治时期。

元朝很黑暗。比如，人分四等：

第一等，蒙古人；

第二等，色目人；

第三等，汉人；

第四等，南人。

其中，蒙古人不必多说。色目人，顾名思义，就是眼睛颜色不同的人，主要指西亚阿拉伯地区的人。汉人是指金朝统治下的汉人，即北方汉人。而南人，是指南宋的遗民，即南方汉人。

这四等人的不平等之处，主要有四点。

（1）军权被异族垄断。元朝的军权只能由蒙古人及少数色目人掌握，汉人和南人不能染指。

（2）官权被异族垄断。不管是中央还是地方，各级官职皆由蒙古人优先担任，有些官职则严禁汉人担任。

（3）仕权的不平等。科举考试，汉族参加科举考试的数量是异族的数百倍，但录取的名额却各族均分。

（4）人权的不平等。比如，蒙古人杀死汉人，只需赔偿丧葬费，外加充军，无须偿命；而汉人杀死蒙古人，则不仅要赔偿丧葬费，还要偿命。又如，当时汉人被禁止携带武器，甚至连比武、唱戏都不行，而蒙古人和色目人就没有这种限制。

由此可见，在元朝，汉人，特别是南方汉人已经沦落至社会的最底层。

所以，元朝统治期间，汉族人民的起义斗争从未停止过。

而到了朱元璋成年的时候，元朝已经统治中国六十余年，社会矛盾已经愈演愈烈。除了尖锐的民族矛盾，历朝历代都曾有过的贫富差距、土地兼并、腐败横行、百姓负担沉重等问题也日益凸显。

所以，大规模的起义斗争开始了。

其中，以韩林儿、刘福通的红巾军起义最为著名。

天下大乱，义军蜂起，这就是朱元璋在皇觉寺做和尚时的"局势"。

正是这个局势,使他不得不放弃安静的僧侣生活。

原来,就在朱元璋在皇觉寺之时,他儿时一同放牛的伙伴汤和已经参加了红巾军,并且还获得了战功,此时正春风得意。

汤和没有忘记儿时一起玩耍的兄弟,就给朱元璋写了封信,劝他加入义军。还说,凭朱元璋的水平,定能在义军中取得更大的成就。

初接此信,朱元璋犹豫不决。因为他一方面觉得加入义军不失为一个发迹的机会;但另一方面,又感到前途未卜,决心不足。

而就在朱元璋犹豫的时候,有人举报他要造反。这使他不得不做出抉择。

那么朱元璋的抉择是什么呢?

答案是:听从汤和,加入义军。

至此,朱元璋那颗安静了许久的心,终于又躁动起来了。

如果说他此前的人生是一路潦倒的话,那么自从投军以后,他可算是时来运转了。

在起义军中,朱元璋表现优良,战功显赫,很快受到了主帅郭子兴的注意。

郭子兴还把养女嫁给了朱元璋。

后来,郭子兴不幸阵亡。朱元璋由于声望出众,渐渐成为义军的新领袖。

从此,"朱元璋"成为反元斗争中的一大势力,与另两位起义军领袖——陈友谅和张士诚形成了三足鼎立的局面。

最后,朱元璋击败了陈、张大军,推翻了元朝政府,成就了帝业。

1368 年,朱元璋建立明朝,以南京为国都,史称明太祖。

宰相一去不复返

朱元璋自幼善于制造"事端"。从出生时的"火灾",到十岁时的杀牛,再到后来的举兵造反,无不体现出朱元璋天生异人、敢破敢立的性格。

但是，当了皇帝之后，朱元璋的决策风格，却变得保守起来。

朱元璋在政治上最大的改革，就是废除了沿袭了近两千年的宰相制。

所谓"宰相"，说得严谨一点，是辅助帝王、掌管国事的最高官员的通称，拥有很大的权力。举例来说，我们之前讲过的管仲、刘晏、王安石等都是宰相。他们制定国策，为帝王所认可，并付诸实践，可以说是国家真正的治理者，历代都是中央政府中不可或缺的角色。

然而朱元璋却废除了宰相。这是为什么呢？

为了保障皇权。

明朝最初是设有宰相的，如李善长、徐达等。但到了胡惟庸，朱元璋越来越不痛快了。他觉得胡惟庸权力过大，威胁皇权，甚至北通残元，南结倭寇，企图颠覆明朝的统治。所以朱元璋干脆废除了宰相制，一劳永逸。

那么宰相废除之后情况如何呢？

形成了无头的政府。或者说是多头的政府。

为什么这么说呢？

原来，中国自隋朝开始，政治上实行三省六部制，三省（中书省、尚书省、门下省）长官即宰相，其中尚书省的长官负责领导六部（吏、户、礼、兵、刑、工），换句话说，六部有一个共同的领导，即尚书省长官。隋朝之后，直至元朝，三省六部制的具体规定虽然不断变化，但这些基本的规则是没有变的。

然而，明太祖取消了宰相，这就打破了这个传统。三省六部，只剩下六部了，六部也就没有了共同的长官。形成了"群龙乱舞"的局面，这就是所谓的"多头政府"。而原先的宰相，作为六部的头，现在没有了，所以又可以说是"无头政府"。

那么皇帝一个人忙得过来吗？

反正朱元璋可以完成。因为他是"工作狂"。

那么，取消宰相对中国历史有何影响呢？

首先,中国从此没有宰相了,宰相成为历史。

其次,这标志着皇帝专制力度的再一次加强;再无宰相可以牵制皇帝的权威了。

在君臣礼仪方面也有体现:宋朝以前,宰相可以坐着与皇帝论事;宋朝时,宰相则只能站立;到了明太祖时,不仅宰相被取消,而且其他大臣与皇帝说话都须跪着。

贪污六十两即是死罪

人类社会进步的潮流是从专制走向民主。朱元璋加强了专制,从他个人角度看,也许是对国家有利的事情,但从现代人的角度看,或许就是逆历史潮流的退步。

而朱元璋具有退步意义的变革,还表现在他对官员的态度上。

朱元璋年轻时生活在腐败的元朝末期,切身体会到腐败对于国家和人民的危害。所以他仇恨贪腐。所以在成为皇帝之后,对贪官甚至所有官员都施以"从严从重"政策。

而这些政策,虽然以打击腐败、安邦护民为初衷,但终究不为人服。相对而言,还是历史的退步。

主要有以下两大特征。

其一,官员的薪水很低。

史载,明朝著名官吏海瑞做县令的时候,年薪是六十石大米。相当于几两银子呢?约三十两。那明朝时代一两银子相当于今天多少人民币呢?六百到八百元。也就是说,明朝一个县令的年薪是约两万元人民币。

这是个什么水平呢?

我们曾经讲过,宋朝时官员工资很高,包拯年薪过千万元,王安石月薪九万元,普通县令的年薪也有十几万元。而明朝县令只有两万元。可见明朝官员薪水之低。

那么这会导致什么结果呢?

廉者极贫，贪者极贪。

廉者如海瑞。穷到什么地步呢？家里基本没有仆人（请不起），吃饭没有荤菜，平时穿衣服带补丁，去世后只留下十几两银子的家产。

贪者如谁呢？实际上绝大部分官员都是贪污的。因为薪水太低了，所以他们只能贪污。这造成明朝官场腐败横行。

但是，腐败横行，讲的是明朝中后期的事情。明朝前期，尤其是太祖时期，贪污是很少的。这是为什么呢？

这是明太祖时期官吏制度的另一特点。

其二，对贪官严惩不贷。

史载，太祖规定，贪污六十两银子就判死刑。按照一两银子约等于六百到八百元计算，也就是说，贪污三万到五万元钱就得枪毙。

然而，和薪水低一样，这样的做法虽然严厉，并且有着好的初衷，但也显得落后和退步。为什么这么讲呢？

原因有二：

其一，贪腐和低薪不无关系，所以朱元璋虽严惩贪官，但治标不治本；

其二，杀人太易，缺乏人权意识。

这一点，明太祖和宋太祖可谓两个极端。宋太祖留下祖训，曰："不得杀士大夫及上书言事人。"而他本人及其后继者也基本做到了这一点。但反观明太祖，不仅杀了宰相胡惟庸，而且对众多开国功臣及其家属也大肆屠戮，可谓杀人如麻。

海禁与重农抑商

明太祖的经济政策同样保守，尤其是商业方面，实行海禁和边禁。

海禁：明朝在太祖时期就实行海禁政策。所谓"申禁人民，无得擅出海与外国互市""禁濒海民私通外海诸国"。也就是说，禁止人民通过海路与外国通商。

边禁:明太祖还实行边禁政策。主要指禁止人民在边境上与北方的蒙古人通商。

这两大"禁"体现了明太祖经济政策的保守。但原因是什么呢?

可以归纳为两点。

其一,明太祖推崇小农经济,认为农业是国家的根本。商人是"游食"之人,不利于国家经济基础的奠定。简而言之,是一种"重农抑商"的思想。

其二,无论是海禁还是边禁,都是为了防止国民里通外国,颠覆明朝政权。其中,海上有倭寇,时常骚扰沿海;北方有残余的元朝势力,不失侵略中原之心。所以实行两禁,也是出于国家安全的考虑。

然而,"两禁"政策毕竟是落后和退步的。

其一,我国历史上的繁盛时期,如汉、唐、宋时期,无不以对外开放而著称。

我们刚刚讲过的宋朝,海外贸易发达,并且以经济强国的姿态和周边国家如辽、金甚至伪齐通商;唐朝、汉朝,亦积极发展对外交流,陆上丝绸之路长期繁荣。

其二,我国历史上的进步时期,无不是以商业地位的提升为标志。

管仲治国,鼓励经商,遂成齐国霸业。汉初诸帝,鼓励经商,遂成"文景之治"。唐初百年,鼓励经商,遂成大唐盛世。南北两宋,鼓励经商,遂成商业王国。

而明朝的"两禁",实则是封闭和抑商的政策,与开放和重商的历史潮流背道而驰。所以实乃历史的退步。

不过,事情不能一概而论。明太祖对于商业,也并非一味打击。

明太祖对于商业与商人,实施了两个"宽大政策"——减税与简约。

其一,降低商税。史载,明初的商业税只有三十分之一,即赚三十块钱,只需缴一块钱的税,赚三万块钱,只需上一百块钱的税,与宋朝的水平相差无几。

其二,减少经商手续。清朝人王鸿绪评价明初:"关市之征,宋元颇烦琐,明初务简约。"就是说,如果你想经商,不用办太多的手续。

在这种"宽大政策"下,明初虽然抑商,但商业也有一定的发展。

朱元璋与商鞅等古人一样,认为农业乃国之根本。所谓"农桑衣食之本",应"崇本而祛末"。所以明朝建立以后,在抑制商业的同时,大力鼓励农业生产,主要有三方面政策:

其一,轻徭薄赋,休养生息。

这与历代开国明君的做法是一致的,如汉初、唐初诸帝等。好处就是使百姓在宽松的环境中尽快修复战争带来的创伤。

其二,平均土地,抑制兼并。

每个封建王朝后期,都会出现土地兼并的问题。所谓"富者连田阡陌,贫者无立锥之地",元朝也不例外。而每位开国明君,都会打破前朝诟病,重新洗牌,即合理分配土地,缩小贫富差距。明太祖亦是如此。

其三,限制户口,锁定土地。

要想让农民安于种田,就要用法律条文把他们限制在农田里。具体来说,就是规定户口,限制移民。你是哪里人,就到哪里去,不要到处乱跑。你是种田的,就老实种田去,不要见异思迁。

"老大王朝"之始

朱元璋既非贵族,又非权臣,以布衣之身改朝换代,成为皇帝,为世所罕见。

他驱除鞑虏,恢复中华;励精图治,爱民如子。终开启中国历史的又一辉煌篇章。

然而,正如本文历段所讲,朱元璋的一系列治国政策,与前代相比,与历史潮流比,已经显得落后,甚至退步。这是不争的事实。

他废除宰相,加强皇权,实属加剧专制,使中国越来越成为一个专制独裁的国家。

他南禁海商,北禁外贸,实属闭关锁国,使中国越来越自我封闭,远离世界潮流。

他压缩官禄，滥杀官民，实属漠视生命，使宋朝开启的民主风尚渐渐成为记忆。

就在朱元璋的带领下，日渐保守、怯于开拓之时，欧洲大陆的风帆已经渐渐驶到了世界各地。

1088年，西方历史上第一所独立的大学在意大利博洛尼亚诞生，是为博洛尼亚大学。同时，自由城市也在欧洲兴起。

1492年，意大利航海家哥伦布在西班牙皇室的支持下，一路向西，最终发现了潜力无穷的北美大陆（虽然永乐年间郑和曾经到过美洲）。

欧洲各地，以他们年轻的进取精神，好奇地探索着世界的奇妙。

而与此同时，在古老的东方，中国已然年过半万，渐渐老去，失去了往日的活力。

世界，或许就在这时停转，反转。

南京深宫里的朱元璋，对此一无所知。他能做的，只是做好自己的皇帝。如何让自己的子孙，按照自己的想法，永远地走下去。

为使政权长久稳固，他又一次拿起了屠刀。

洪武十三年，宰相胡惟庸被指谋反，惨遭杀害，受株连者竟达三万人。

十年后，李善长再遭屠戮，一代开国功臣就此死于非命。

后来，还有蓝玉、廖永中、陆仲亨……也都未逃过朱元璋的猜忌与谋杀。株连被杀者更不计其数。

1398年，朱元璋在南京病逝。

张居正

『一条鞭法』为大明朝延寿

张居正,明朝最优秀的政治家。

我本神童

张居正,字叔大,号太岳。明代湖广江陵人,又名张江陵。因为明清时期的官场,称呼一些有作为有名声的官员,一般都以他家乡的地名当作尊称。比如李鸿章是安徽合肥人,就称李合肥。袁世凯是河南项城人,就称袁项城等。

明嘉靖四年,即 1525 年,张居正出生在湖北荆州府江陵县一个穷秀才的家里。张家虽说是读书世家,但是祖上无高官,家庭普通。张居正的父亲叫张文明,二十岁考上了秀才,过了二十多年,依然是秀才,连考了七次,都没中举。

于是,四十多岁的张文明放弃了科举之路。他决定娶妻生子,传宗接代,让他们接过科举这根接力棒,完成他的梦想。

因此,当张居正刚出生的时候,张文明站在产房外,听着里面婴儿的啼哭来回踱步。他想给儿子取一个吉利的名字,保佑他将来走上仕途。

正在他苦苦思索时,其父得知了消息,说昨晚做梦,梦见月亮掉到自家的水瓮里,然后一只白龟浮了起来,不如就给小孙子取名叫"白圭"吧。

张文明一听,白龟是吉祥物,欣然同意。于是,新生儿就有了一个名字,张白圭。

由于自己壮志未酬,所以张文明就把梦想全押在儿子身上。在张白圭才几个月时,张文明就成天拿着唐诗在他跟前读,实在是用心良苦。

然而令人惊奇的是,张白圭两岁时就会识字写字,这在人们看来简直是奇迹,邻居们都惊呼其为神童。

张神童长到五岁以后,家人送他去上学。在私塾里,神童过目不忘,下笔如神,让教书先生非常震惊。没过几年的工夫,教书先生就对张文明说:"你另请高明吧。"

张文明说:"怎么了?难道劣子惹事了不成?"

教书先生说:"非也非也。是令郎太聪明,我教无可教。你应该带他去考试。"

于是,张文明带着张白圭去参加了秀才的选拔考试。结果张白圭一举高中,并被考官列为第一名。

这一年,张白圭才十二岁,比其父考上秀才时整整提前了八年不说,还是整个荆州的第一名。

当时荆州的考官是荆州知府李士翱(áo)。他在阅卷的时候就曾经多次感叹道:"国器!国器!"当他得知这个考生才十二岁时,更是大吃一惊,连忙找来张文明父子谈话。

在交谈过后,知府对张文明说,张白圭是世间罕见的奇才,希望他能立大志,报效国家,并亲自送名"张居正"。

第二年,张居正又参加了乡试。由于他名气太大,所以引起了当时的湖广巡抚顾璘的注意。顾璘听说有个十三岁的秀才也来应试,很是激动。因为在几十年前,一位叫杨廷和的人,也是在十三岁的时候参加举人考试并且一举高中,后来成为著名的内阁首辅。

于是顾璘派人把张居正喊来,跟张居正进行了短暂的交谈。交谈过后,巡抚大人把自己的腰带解下来,送给张居正,说:"我希望你能有远大的志向,不要仅仅满足于做一个少年举人,要立志去做伊尹和颜渊那样的人。这条犀带,你拿去先系着,记住,你将来是要系玉带的。"

这番话成为一个很有远见的预言。因为他料定张居正将来肯定能入阁拜相。在古代,官员的服饰都是有级别限制的。明朝时期,能够系玉带的人,至少是一品官员才行。

张居正谢恩走后,顾璘对主考官说:"这一科不要录取他!这孩子是将相之才,但就是太傲了,还不足以成事,要磨炼一下他的心志。"

于是张居正落榜了。

三年后,张居正再次参加乡试,顺利地考中举人。这一年,他十六岁。

又过了七年,二十三岁的张居正一举考中进士,名列二甲第九名,授庶吉士。

从此,张居正正式踏上仕途。大明王朝的国运也随之改变。

千年科举

上述材料涉及了很多关于科举的内容。所以在此我们不如系统地了解一下科举制，不仅便于大家理解文章内容，也可以顺便了解一下历史知识，看看在我国政治文化史上占据重要地位的科举制有着怎样的发展历程。

科举制自隋朝创建到清光绪年间废止，一共经历了一千三百年。这一千多年里，本着"学而优则仕"的原则，朝廷通过科举制度选拔了一批又一批栋梁之材。虽然发展到后来，考试的内容有禁锢思想、排斥异端的倾向（如只准考四书五经）；考试的形式死板迂腐，限制考生才思的多样性发挥（如八股文）。但是，不得不说，在那个时代，它是最为公平的选拔制度。不管家庭条件好坏，背景如何，一律用试卷说话。尤其是对于穷苦家庭的孩子来说，科举考试是这些子弟们出人头地的唯一出路。

在科举制以前，朝廷选拔人才的制度都是很不公平的。秦朝以前是世卿世禄，代代相传。到了秦朝，由于秦人好勇善战，引进了军功爵制，可以根据在战场上杀人的多少给予爵位。汉朝的时候，是举孝廉，孝是孝顺，廉是廉洁。由地方官向朝廷推举孝顺而又廉洁的子弟做官。但问题是，官官相护，你推举我的儿子，我推举你的儿子，大家相互推举。因此，举孝廉这个制度被官员操纵，平民百姓难以进入。

曹魏时，大臣陈群创立了九品中正制，按出身和品德等九个方面考察人才。这个制度相对于前面的举孝廉，有所进步。两晋六朝都沿用了这个制度。但由于当时的贵族门阀势力太大，严重影响了中正官的考察。以至于最后只按出身来评定优劣，导致出现了"上品无寒门，下品无士族"的现象，再一次堵住了贫民子弟的出路。

隋朝时，朝廷为了加强中央集权，就必须打击贵族。为了打击贵族，就必须任用底层出身的人才。在这种皇权意志下，就诞生了科举制。隋炀帝时，开进士两科，主要是考时务策，也就是试策。了解考生对于国家大事、边关形势等的看法，考试很实用。

隋朝灭亡之后，唐朝进一步完善了科举制度。唐太宗、武则天、唐玄宗都非常重视科举制度。科举一度开到了五十多种科目，但经过淘汰，最后仅明经和进士两科成为常科。朝廷会按期举行考试。进士考的是时务策、诗赋和文章，是最难的科目，当然也是最能检验人才的科目。唐朝的宰相大多数都是进士出身。

而明经则容易得多。考明经几乎等同于现在的小学生默写课文，做填空题。比如，子曰：有朋_____来，不亦乐乎！就是这种。因为明经简单，进士难，所以当时就有"三十老明经，五十少进士"这个俗语。

但在唐朝，考中进士还不能做官，还要去吏部参加考试，并有当时的名人推荐。比如白居易，就曾到当时的大诗人顾况门下投帖，把自己的诗文让这位名士阅览。顾况看到白居易十六岁时写的《赋得古原草送别》，当时拍案叫绝，然后到处宣扬他的才名，白居易才顺利做官。

而且，唐代录取进士很少，每一次多则几十人，少则几个人。很多人考到头发花白，都没考中。

到了宋代，朝廷宽限了录取人数，同时还确立了三年一次的三级考试。每三年的秋天，举行科举。第一级是各州举行的取解试，第二级是礼部举行的省试，第三级是宋太祖开的殿试，由皇上亲自阅卷。考试及第之后，所有考生不准对考官称门生，因此，都是天子门生。然后分三甲放榜。第一榜仅三人，是三甲，也就是前三名，分别为状元、榜眼、探花。二甲和三甲是若干人不等。

元朝时，读书人地位低下，被称为"臭老九"，仅仅比乞丐高一点儿。虽然也举行过科举，但基本没影响。

到了明朝，科举进入了鼎盛时期，变得非常复杂。读书人只有进入学院，成为生员，才有资格参加科举考试。这个生员考试，叫童生试。考取童生，就可以参加乡试。乡试每三年一次，在南京和北京的贡院举行。乡试考中，就是举人。乡试第一名，叫解元。举人再去参加由礼部主持的会试，考中之后称为贡士。贡士的第一名叫会元。贡士们在当年三月份参加殿试，由皇帝主持。所有贡士都不会落榜，只会分三甲，统称进士。一甲是进士及第，二甲是赐进士出身，三甲赐同进士出身。

进士榜用黄纸书写，颜色金黄，因此也称金榜。中进士者，就叫金榜题名。

而对于古代的学子来说，最高的荣誉不是中状元，而是连中三元：集解元、会元、状元于一身。这是莫大的荣誉。明朝三百年，仅有洪武年间的黄观和正统年间的商辂连中三元。

殿试之后，状元被授翰林院修撰，榜眼和探花是编修，其他进士经过考试，合格的叫翰林院庶吉士。张居正正是因为庶吉士的身份，后来才有资格进入内阁，参与朝政大事。

多年之后，张居正经过宦海浮沉，终于进入内阁，并当上了首辅。而他一生中最重要的为政举措也就此开始。

"一条鞭法"

张居正在明朝万历元年成为内阁首辅。那一年，万历皇帝即位，即明神宗。

不过，明神宗虽然贵为皇帝，却始终对首辅张居正恭敬有加。

这是怎么回事呢？

原来，穆宗当政期间，张居正的才华就获得了穆宗的赏识。穆宗去世前，就安排张居正做儿子万历的老师。万历即位时，年仅十岁，所以张居正在升任首辅的同时，也成为小皇帝的老师。

张居正对万历极为严格，万历最初也相当恭顺。

而这种君臣颠倒的局面，导致两个重大的结果。其中一个就是张居正得以独揽大权，实现自己的治国抱负。另一个后边再谈。

张居正治国的主要政绩，就是发动了赫赫有名的"张居正改革"。也正是这次改革，使他得以和管仲、商鞅、王安石等著名改革家齐名于青史。

那么，在张居正改革之前，明王朝面临哪些问题呢？

背景

改革之前的困局，用张居正的话说，即"宗室骄恣，庶官疾旷，吏治因循，边备未修，财用大匮"。

意思就是，王公贵族钱多势大，寒门官员痛苦无为，官场风气因循守旧，边境武备松弛颓废，国家财政严重不足。

这五大问题，历代封建王朝在没落时期都会遇到。明朝自明太祖实行抑商重农政策，不进反退，当然也无法避免这些问题。

张居正要改变这种局面。而他最重要的措施，是针对最后一个问题，国家财政不足的问题。

然而，国家为什么会缺钱呢？

其一，税率过低，放利于民。比如说汉朝初年就是如此。

其二，国用民财，尽归贪官。就是说，不管是国家的公款，还是人民的私产，都被贪官污吏霸占。简单地说，就是腐败。

其三，地方豪强，隐匿财富。无论是大地主瞒报土地数量，还是官商一体的大商人偷税漏税，都属于这个情况。

其四，其他，如统治者无能，自然灾害等。

那么明朝此时的问题属于哪个呢？

主要观点就是第二和第三个原因。而据学者黄仁宇的观点，第一个原因也存在。

出招

针对这些问题，张居正的办法为所谓"一条鞭法"。这个办法起源于前朝嘉靖年间。张居正则在万历年间发扬光大。

主要内容有二：

其一，清丈土地，打击漏税。

当时明朝贫富差距拉大，土地兼并严重。少数大地主占据大量土地，并且勾结官府，隐瞒真实土地面积，以便减少上税。

比如你有一千亩土地，但只为一百亩地缴税。这就导致漏税，进而国家财政受到损失。

"一条鞭法"实行以后，全国很多地区的土地被重新核实。结果查出近三亿亩被隐瞒的土地。

这些"新增土地"依实纳税后，国家的财政危机随之缓解。

其二，杂税赋役，合并为一。

改革之前，人民需要缴纳各种杂税、赋税，并且还要担负徭役，即免费给政府劳动。不仅人民负担沉重，还给了收税的官吏以巧立名目、乱收杂费、贪赃枉法的机会。

而"一条鞭法"规定，所有税种、徭役，统统合并为一。就是说，以前要缴各种税，还要义务劳动，现在只交一种税即可。

此外,这一种税,只交银子。这是比减少税收种类更重要的改革:变实物税为货币税。交多少呢?地多,就缴得多;地少,就缴得少;没地,就不用缴纳。

所以说,"一条鞭法"体现了公平的原则:富户多出一点,穷户少缴一点。

因此,没地的人可以安心去做买卖,不必担心随时可能降临的"徭役",即义务劳动。

这样一来,地方上征税的手续大大简便,也使收税的官吏难以巧立名目、贪赃枉法,既减轻了百姓的负担,也增加了国家的收入。

这是经济上"一条鞭法"的内容。除此之外,"张居正改革"还包括政治和军事上的一些内容。

政治上,实行"考成法",考核各地官员:不合格的,淘汰;合格的,留用;优秀的,提拔。

军事上,任用良将,改善国防。如任用戚继光和李成梁镇守边关等。

这些便是"张居正改革"的主要内容。那么效果如何呢?

后人评说:"这一系列新政,使奄奄一息的明朝顿时恢复了元气,焕发了新的光彩。这就好比是枯木逢春,而张居正和他的新政就是这一场春风。"

可见改革的效果相当不错。

然而,和历代众多的改革一样,张居正的改革也自有其弊端。这里仅就一点进行说明。

结果

我们曾经讲到过唐朝中期杨炎的"两税法"改革。这个改革和"一条鞭法"中关于简化税制的内容如出一辙,也是将各种繁杂的税种合并,简化为一两种税种。

而当时,我们也说到了它的弊端,就是不能长久维持效果。

我们回顾一下黄宗羲定律的内容:

"历史上的税费改革不止一次,但每次改革之后,由于当时社会政治环境的局限性,农民的负担在下降一段时间后,又涨到一个比改革之前更高的水平。"用黄宗羲的话说,就是"积累莫返之害"。

张居正的"一条鞭法"也是如此,也没逃出黄宗羲定律,但中国从此变实物税为货币税的改革成果被此后的统治者沿用。

另一个结果

综上所述,可以想到张居正的改革,必和杨炎的"两税法"改革的结果一样,即短期效果良好,长期效果则不佳甚至还不如以前。

而事实也正是如此。

张居正的改革只是暂时缓解大明王朝的病痛,并不能根治痊愈。

在张居正改革结束六十多年之后,大明王朝最终由半衰,逐渐走向了灭亡。

而张居正本人的命运,也和他短暂的改革一样,最后陷入了悲剧的境地。

当年,神宗万历皇帝即位的同时,张居正升任首辅,兼任皇帝的老师。因为皇帝年幼,无法亲政,所以由张居正代掌国事。张居正成为大明实际的治理者。

张居正有了实权,便可以实践他的治国理想,这才有了我们所知的"张居正改革"。

然而,就在改革一点点治愈大明顽疾的时候,万历皇帝的反叛情绪却在一点一滴地累积。

怎么回事呢?

首先,一切军国大事,皆由张居正一手包办。万历作为皇帝,只有表示同意的权力。

其次,万历生活的方方面面,都被张居正严格规范。比如,万历被禁止睡懒觉,如果睡过时辰,就要被强制起床。

再次,张居正不仅约束万历的行为,还不尊重他的人格。比如,万历和宫女嬉戏,张居正就擅自为他起草《罪己诏》,强制他向天下谢罪。万历背书出错,张居正就对他进行训斥等。

这恐怕就是所谓的"家长式"教育吧。在这种教育中,教育者有绝对的权威,而被教育者只能无条件遵从命令。前者只需纠正后者的错误,而无须考虑到后者的尊严和自由。

张居正与万历就是如此。

张居正受到明穆宗的嘱托，还有两宫太后的支持，再加上万历年龄小，就以一种尊大的态度教育万历。

只有命令与规定，鲜有尊重与包容。

只有对或不对，忽视了孩童爱玩的天性。

或许，张居正根本没有把万历当作一个孩童，而只是当作一个堪当大任的皇帝。

又或许，他也没把他当作一个皇帝，而只是当作一个不懂事的孩子。

无论怎样，张居正的教育方式不当总归是事实，更何况他教育的对象并不是自己的子侄，而是天下最大的"官"，自己的顶头上司。

在这种强硬的教育方式下，万历由最初的俯首帖耳，渐渐心生不满，到最后，或许已感到极大的羞辱，以致憎恨。

就在改革进行到第十年的时候，张居正积劳成疾，病倒了。

不久之后，张居正溘然长逝。终年五十八岁。

随着张居正的离去，一度别开生面的"万历新政"也随之陨灭，大明王朝也再度堕入自毁的道路上去。

康熙

励精图治，缔造清朝盛世

明朝灭亡之后,清朝入主中原。清朝最著名的一个皇帝,是康熙帝。

因祸得福

康熙帝,即清圣祖,姓爱新觉罗,名玄烨(yè),满族人。清顺治十一年,即 1654 年,出生于北京紫禁城。因康熙幼时患过天花,痊愈后对这种有极大杀伤力的传染病具有免疫力,故在德国传教士汤若望的推荐下,被顺治帝立为太子。

顺治十八年,即 1662 年,顺治帝去世,玄烨即位,是为康熙帝。因年仅六岁,难以亲政,故由索尼、鳌拜等大臣辅政。

康熙五年,玄烨十二岁,名义上亲政。但鳌拜谋杀同为辅政大臣的苏克萨哈,独把朝政,故玄烨仍不得大权。

两年后,玄烨十四岁,擒鳌拜,正式掌权。开始了真正的帝王生涯。

攻克台湾

台湾此前的历史,要从西方殖民时期说起。

1624 年,即大明天启四年,素有"海上马车夫"之称的荷兰占领了台湾。台湾进入荷兰殖民时期。

两年后,西班牙人不甘示弱,也来瓜分台湾。

1642 年,即大明崇祯十五年,荷兰人将西班牙人赶走,重新独占了台湾。

荷、西殖民者轮番统治台湾期间,他们一边向台湾人民进行文化输出,一边对台湾人民进行经济上的压榨。

1652 年,即清顺治八年,台湾汉人郭怀一发动农民起义,反对殖民统治,后遭到镇压。

1661 年,即清顺治十七年,明朝遗臣郑成功武力收复台湾,诛杀荷兰人,台湾自此进入明郑时期。

郑氏治理台湾,继承明制,恢复汉统。政治上设立六部,任用贤能;经济上鼓励经商,发展贸易;文化上兴办学校,弘扬汉学;军事上加强武备,借鉴西洋。

在郑氏的精心治理下,台湾"田畴市肆,不让内地""民殷国富""境内大治"。台湾成就了郑成功、郑经(即郑成功之子)等贤明的领袖,也涌现出陈永华等一代名相。

如此,便是康熙帝征讨之前,台湾历史之概貌。

到了康熙年间,清廷欲颠覆明郑政权,维护清朝统治,实现中华一统。由于海上力量不足,便与不甘落魄的荷兰人结成军事同盟。

据《清史稿》记载,在康熙二年,"三月,荷兰国遣使入贡,请助师讨台湾,优赉之。"同年十月"耿继茂、施琅会荷兰师船剿海寇,克厦门,取浯屿、金门二岛,郑经遁於台湾。"意思就是,康熙二年,荷兰向清朝进贡。清朝邀荷兰一起攻打明郑政权。荷兰答应了,受到了清朝的重赏。同年十月,清荷联军攻克了明郑的厦门、金门等地,将郑经赶回了台湾。

1683年,即康熙二十二年,清朝在康熙帝的领导下最终攻克了台湾,灭亡了明郑汉人政权,台湾地区与祖国大陆再次统一。此后,台湾与大陆一样,也实行了"剃发易服"的政策。

终止"圈地"

清朝入主中原之后,摄政王多尔衮先后下达三次"圈地令"。其内容,就是令满族权贵将大片肥沃土地占为己有。原先占有土地的汉族地主和农民或依附满族贵族,沦为下人、奴隶;或被迫逃亡,沦为乞丐。

康熙五年,康熙帝废止了"圈地令",下令"嗣后永不许圈",圈地运动从此终止。但对于往年已圈的土地,并未予以归还。停止圈地的政策客观上缓和了民族矛盾,维护了清朝统治的稳定。

继承《迁海令》

郑氏政权没有被消灭的时候,经常联合大陆的反清势力威胁清朝的统治,大陆沿海的百姓也经常接济他们。

清朝为了维护自己的统治,便在沿海各地实行《迁海令》。其内容简言之,就是将全部沿海的居民内迁几十里到数百里不等,将沿海地区变成无人区,房屋、城镇,甚至树木也全部销毁。目的只有一个,就是切断沿海对郑氏武装的接济。此政策在顺治年间便已实行,康熙执政时得到进一步发展。

迁海政策被实行得极为严格,如《海上见闻录》所言:"上自辽东,下至广东,皆迁徙,筑短墙,立界碑,拨兵戍守,出界者死,百姓失业流离死亡者以亿万计。"意思就是从辽宁到广东,全部的沿海地区皆要迁徙,在规定的内迁距离上筑墙立碑,派士兵把守,如有不肯内迁者,杀无赦,致使沿海百姓死亡、无家可归者不计其数。

政令被如此严格地执行,那么效果必然是明显的。《迁海令》实行以后,中国沿海果然成了无人区。此后,郑氏武装再得不到沿海百姓的帮助,从此无力抗清,最终被消灭了。

轻徭薄赋

除了停止圈地的政策保护了农民的利益之外,康熙的轻徭薄赋还体现在三个方面。

其一,蠲免钱粮。蠲,音同"捐",是免除的意思。所以"蠲免钱粮"就是免除人民向政府缴纳钱和粮食的义务,为人民减轻了负担。

其二,试行"摊丁入亩"。摊丁入亩,又称"地丁合一",是清朝在"一条鞭法"的基础上出现的一次重大的赋税制度的改革。

清初的赋役制度承袭明代的"一条鞭法",但实行的不够彻底和普遍,丁银和田赋仍是两个税目。随着土地兼并的进一步发展,穷丁、无地之丁越来越多,在这种情况下继续按丁征收丁银,贫苦农民就会无力承受,这不仅使国家征收丁税失去保证,还会由于农民畏惧丁税流亡迁徙、隐匿户口等造成严重的社会问题。在这种情况下,明末清初一些地区已经出现了"丁随地派、均丁于地"的赋役改革。后来清廷也开始对赋役制度进行改革,改革基本上分为两步:一是康熙五十一年(1712年),清政府规定以康熙五十年的人丁数作为征收丁税的固定丁数,"以后新增人丁,不再加收丁税"。由于丁银额数固定化,农民的负担相对减轻,这样既减少贫民逃亡,保证了国家的财政收入,也为日后的"摊丁入亩"创造了有利条件。第二步即实行"地丁合一"。这种办法先在康熙五十五年(1716年)在广东、四川等省试行。这些省份将丁银并入田赋,征收统一的"地丁钱银",此后在一些地区逐渐推广。雍正皇帝继续并完成了康熙皇帝开始的赋役制度改革,在全国推行"摊丁入亩",因此人们常把"摊丁入亩"的改革归功于雍正皇帝。

其三,垦荒免税。明亡清兴,清兵大量屠杀百姓,所以有很多荒地没人开垦,影响了农业经济的发展。所以清政府鼓励开荒,开荒者免税。一免三年、六年,后来康熙又规定免十年,调动了农民的积极性,和李悝的"尽地力之教"无异。

签约沙俄

从秦朝到魏晋,匈奴一直是中原政权的北方边患。

后来匈奴落没,突厥兴起,成为隋唐时中国的北方边患。

五代、宋朝时期,金、蒙政权成为新的北患。

明朝时,依然如此。

明朝灭亡,后金入主中原,成为中原的统治者。

然而,又出现新的边患。这次是沙俄。

清康熙年间,沙俄屡屡进犯清朝边境。清廷派兵驱逐,但俄国人总会卷土重来。

1652年,即顺治九年,俄军入侵清朝黑龙江省。

五年后,沙俄再侵犯位于蒙古一带的尼布楚、雅克萨地区。他们筑城,屠杀,或以此为民族的荣耀,但于清朝来说,实为耻辱。于是清廷严正抗议,但俄方不理。

二十多年以后，在 1685 年，即康熙二十四年，清军大举进攻雅克萨城，以三千兵力完胜四百五十名俄国守军，重新将该城纳入清朝版图。同年十月，俄人重回雅克萨城。

一年后，清军以两千四百兵力再攻雅克萨，但久攻不下。于是以围城之计困之，俄军遂活活饿死八百多人，只剩六十六人，终于投降。

此役过后，俄清签署了停战条约，即《尼布楚条约》。规定两国就此停战、重修友好、互通贸易等，也重新划分了领土。规定两国以额尔古纳河为界，右岸所有土地属于俄国，左岸所有土地直至河源属于大清国。

平定三藩

在中国历史上，地方势力挑战中央的案例比比皆是。无论是汉朝的"七国之乱"，西晋的"八王之乱"，还是唐朝的"藩镇割据"等，都莫不如此。

宋朝和明朝基本解决了这个问题，但到了清朝，问题又出现了。

清朝入关之初，兵力不足，地理不熟，想要征服全中国，就需要叛明将领的协助。吴三桂、尚可喜、耿精忠等就是这些将领中的代表性人物，他们在清朝统一战争中立下了汗马功劳。

清朝统一基本完成后，这些叛明将领作为开国功臣，被分封在各地，成为其领地的藩王，就如唐朝各藩镇的节度使、汉初各诸侯的诸侯王一样。

起初，藩王与中央政府同时和平存在的局面还能维持，但随着经济的发展，各藩镇的实力也在加强，这就使藩镇逐渐拥有了挑战中央政府的实力。而中央政府不允许这种情况发生，所以就要削藩。汉武帝、唐德宗、宋太祖都做过同样的事情。到了清朝康熙十一年，康熙帝也要做同样的事。

但是各藩王不想被消灭。做一地之王，主国中之国，岂不爽哉？所以他们抗拒削藩政策。其中以平西王吴三桂的反应最为强烈，他联合平南王尚可喜、靖南王耿精忠，以"反清复明"为旗号起兵，旨在推翻清朝。这就是历史上所谓的"三藩之乱"。

那么结果如何呢?

他们失败了,康熙将他们一一瓦解。其中尚可喜和耿精忠先后归顺清朝,吴三桂独木难支,最终被清朝击溃,全家老小均被杀死。

至此,清朝在康熙统治期间基本消灭了所有割据势力,有力维护了满族在全中国的统治地位。

独爱西学

明朝末年,中国涌现出多位著名的科学家,如方以智、徐光启、宋应星等。他们一方面总结中国古代的科技成果,一方面又有所创新,并积极引介西方的科技文化,促进了中西方优秀文化的融合。

在引介西学方面,尤以徐光启的贡献最大。

英国著名汉学家李约瑟在评论明朝中国科学界的状况时说道:"由于历史的巧合,近代科学在欧洲崛起与耶稣会传教团在中国的活动大体同时,因而近代科学几乎马上与中国传统科学相接触。明代的传统数学、天文学由于西学的到来而复兴。到 1644 年,中国的数学、天文学和物理学与欧洲已经没有显著的差异,它们完全融合、浑然一体了。"

可见,在明朝末年,中国的科技已经蓬勃发展,并且已经和欧洲同步。

然而,到了明朝灭亡、清朝兴起,情况发生了变化。

清朝统治者为了维护自身的统治,在文化上实行高压政策,别说宋朝的"言者无罪",就连明朝中晚期自由的社会风气也不复存在。他们实行严酷的"文字狱",使文人百姓噤若寒蝉;实行愚民政策,禁止皇室以外的人学习西方科技。

比如,据当时旅清的欧洲教士张诚记载:"他(康熙帝)告诫我们不要在我们所去的衙门里翻译任何关于我们科学的东西,而只在我们自己家里去做。"

不过,虽然康熙帝禁止百姓学习西学,他本人对西学却是情有独钟。

据学者考证,康熙帝请西方传教士做自己的老师,学习的科目包括数学、哲学、动物学、解剖学、地理学等几乎所有科目。从 1670 年,即康熙九年开始,康熙帝连续学习西学达两年半之久。

然而,康熙帝既然并不允许别人学习西学,又没有向全社会推广的打算,那么他学习西学的动机又是什么呢?

有人说,是为了炫耀。

原来,据外国传教士记载,康熙帝学习西学是为了使自己增长知识,以便在学识上压倒他的臣民,尤其是汉族大臣,从而显示自己的英明智慧。

如颇受康熙帝宠爱的比利时传教士南怀仁曾这样说道:"他通过这件事……便在其周围的贵人面前,以夸示自己的学问而得意!"意大利传教士马国贤则说,康熙在显露学识时,被臣下"奉承的狂喜"。

然而,康熙如此爱炫耀的原因是什么呢?

有人说,是因为其作为满族人的自卑心理。

满族在入主中原之前,只是东北地区的一个游牧民族,日常与野兽为伍,无修养。所以,在入主中原后,在面对具有深厚文化底蕴的汉族人时,他们不免产生极度的自卑心理。康熙虽贵为帝王,但骨子里的这种自卑并没有消除。他在学识上向汉族大臣炫耀,正是为了掩盖这种自卑。

如学者吴伯娅在他的论文中提到,"(康熙帝)既然要当科学问题的'最高法官',就要显示出渊博的学问。为此,康熙经常在臣僚面前炫耀自己,并以捉弄汉臣为乐。这实质上反映了一个少数民族统治者的独特心理,唯恐汉人因学问而轻视满洲贵族"。

在这种心理下,康熙帝对西学的热衷显然与中国社会的进步无关。他只允许自己学习西学,而禁止士大夫阶层以及社会大众接触,使晚明以来西学东渐的风潮在中国社会消失殆尽。

大兴文字狱

所谓"文字狱",就是你说了统治者不爱听的话、写了统治者不想看的书,就会被治罪,轻者流放,重者死刑。

中国历史上文字狱虽然不少,但清朝文字狱最为严重,康熙时期也不例外。

1. 朱方旦案。

朱方旦,号尔玫,自号二眉道人,湖北汉阳人。清康熙年间著名的医学家、思想家、科学家,功力深厚,思想先进。比如,在医学方面,他能用气功为人治病,甚至为皇室贵妃接生;在思想方面,他主张人人平等,所谓"略去帝王臣庶之阶级也";在科学方面,他主张人思维的器官是脑,而不是传统上认为的心,所谓"发明记忆在脑不在心"。由此可见,朱方旦实乃启蒙思想的天才人物,然而他最后的命运却是以"诬罔君上、悖逆圣道、摇惑民心"的罪名被判处死刑。其多名学生也被"处斩"。

2.《南山集》案。

明朝灭亡后,明朝皇室余部退到南方,重建明廷,史称"南明"。南明与清朝对抗十八年,终不敌。后来,清朝统治者为了维护自身的正统性,故意歪曲明朝及南明历史。

清廷史官汉族学者戴名世对此极为愤怒,于是自行考证、采访明朝遗民,整理出一部较为真实的明末历史,即《南山集》。书中奉南明为正朔,揭露了清朝贵族的暴行。后有投机者向清廷举报。康熙得知后,将戴名世处斩,"戴氏家族凡男子十六岁以上者立斩,女子及十五岁以下男子,发给清朝功臣家作奴仆"。

"文字狱"虽然客观上维护了清朝的统治,但造成了历史的退步,虽然康熙后来赦免了部分《南山集》涉案人员,也只是为了体现自己的仁慈。

一生功过

以上便是康熙帝执政期间的主要作为。在他的统治下,清朝逐渐从分裂走向了统一,从纷乱走向了强盛。1722 年,即清康熙六十一年,康熙帝在北京畅春园去世,享年六十九岁。

《全球通史》作者斯塔夫里阿诺斯这样说道:"康熙有理由这样自

信。他统治的大清是世界上最强大、最富庶的国家,就连那些自命不凡的欧洲来访者都不得不承认这一点 。""他在中国统治六十多年,并成为17世纪的伟大人物。同时康熙又是一位卓越的军事家,一位精细的管理者,一位渊博的学者。""康熙曾有过数次出巡,他不但视察公共工程、宽赦囚犯、聆听民间疾苦,而且还亲自审阅那些有志向举子的科考卷子。一位为此而吃惊的教士写道:'康熙甚至会召见那些地位低下的劳工与农夫,并以友善可亲的态度同他们交谈,这使他深得人心。'可能是因为经常外出巡行,并亲临基层,康熙学会了十八个省中的十三个省的方言。"

《中国通史》作者吕思勉则说:"圣祖是个聪明特达的君主。他乐于求学,勤于办事。于天文、地理、律历、算术……学问,多所通晓。又颇能采用西洋的学问……他能励精图治,确是实在的……他不铺张浪费,也是真实的。所以当三藩平定后,国内已无战事,政治亦颇清明,百姓就得以休养生息。"

承上启下的铁腕皇帝

雍正

清世宗爱新觉罗·胤禛,是清朝的第五位皇帝,入关后的第三位皇帝,是康熙帝的第四子。1722 年至 1735 年在位,年号雍正,是为雍正帝。

　　在历史上,雍正帝以发动改革、成功完成承上启下的任务而著称。其中,上指康熙朝,下则指乾隆朝。史上有"康雍乾盛世"之称。

早年生涯

　　雍正帝于康熙十七年(1678 年)出生于北京紫禁城永和宫,由德妃乌雅氏所生。由于乌雅氏出身低微,并且当时的后宫不允许生母抚育自己的儿子,所以雍正帝满月后便由孝懿仁皇后抚养。孝懿仁皇后是一等公佟国维之女,孝诚仁皇后的侄女。

　　康熙二十二年(1683 年),六岁的雍正帝进尚书房,跟从张英学习《四书五经》,向徐元梦学习满文。当时,雍正帝和顾八代关系最为亲密,赞他"品行端方,学术醇正。"

　　少年和青年时代的雍正帝,受康熙帝和张英的严格管教,学习《四书五经》,也创作过一些诗歌。不久后,就随康熙帝出巡,并协助父皇办理一些政事。康熙三十五年(1696 年),十九岁的雍正帝跟随康熙帝征讨噶尔丹,虽然没有直接参与战斗,但他对战事非常关心,作诗赞扬父亲作战的功业。康熙三十七年(1698 年),二十一岁的雍正帝受封为贝勒。此后又侍从康熙帝做了视察永定河工地、巡幸五台山、南巡江浙、巡视黄河防汛等工作。

渐入佳境

　　康熙四十七年(1708 年)夏,康熙帝罢黜了太子胤礽,推选新太子时,雍正帝仍支持复立胤礽,同时与皇八子胤禩也保持良好的关系。康熙四十八年(1709年),康熙帝复立胤礽为太子,同年封皇四子胤禛为和硕雍亲王。在此期间,各个皇子为谋求储位,各结私党,进行激烈的斗争。胤礽再立后,为巩固储位又进行了一些非法活动,康熙帝对此十分不满,于是在康熙五十年(1711年)再次将其废黜。而留下的皇太子空位,康熙帝却未再立新人,这便使诸皇子为此蠢蠢欲动、大动心机。而胤禛善于治国,又懂得韬光养晦。他尊崇佛道,自称"天下第一闲人",与兄弟们保持友好的关系,同时向父亲康熙帝表现诚孝,渐渐赢得了康熙帝的信赖。

康熙六十年(1721年),雍正帝四十四岁,此时正值康熙帝登基六十周年大庆,雍正帝奉命前往盛京沈阳祭告祖陵,又回京参加贡士会试试卷复查事务,冬至时则遵命代康熙帝南郊祭天。第二年,奉命清查京城、通州两大粮仓,冬至时又进行祭天。

他的这些活动,对他本人来说有两大意义。其一,他多次随从康熙帝巡幸,几乎走遍了中国主要地区,这使他有机会了解各地经济物产、山川水利、民间风俗、宗教信仰、历史问题等,从而获取了关于民事的第一手资料;其二,是观察了康熙帝处理政事的风格、方法,考察了地方行政和吏治,锻炼了处理政事的能力,收获了不少为政经验。这两个方面,对雍正帝日后的治国实践都颇具意义。

登基为帝

康熙六十一年(1722)十一月十三日,康熙帝在北郊畅春园病逝,胤禛继承了皇位,次年改年号雍正,此时才真正成为雍正帝。即位后,他为了巩固自己的皇位,采取了诸多措施。先是排除异己,分化瓦解诸皇子集团,如将胤禵(康熙帝第十四子)从西北军前召回,加以软禁,晋封胤禩(康熙第八子)为廉亲王和总理事务大臣等。由此,雍正帝稳固了自己的皇位,最大程度上避免了以皇位为目标的内部斗争。

锐意改革

胤禛即位之初,接手的并不是一个完美的"康熙盛世",而是一个弊病丛生的国家。登基之初,雍正帝说:"朕在藩邸四十余年,凡臣下之结党怀奸,夤缘请托,欺罔蒙蔽,阳奉阴违,假公济私,面从背非,种种恶劣之习,皆朕所深知灼见,可以屈指而数者……"意思就是说,他在登基之前的四十余年住在自己的府里,对朝臣之间结党营私,拉关系走后门,欺上瞒下,阳奉阴违,假公济私,当面顺从背后攻击等种种官场陋习,他是很清楚的。此外,如朋党斗争、吏治不清、贫富差距加大,以及西北战事不宁、国库空虚等,也是非常棘手的问题。

对此,雍正帝祭出了一系列改革措施,以缓解或解决这些问题。

第一,反对因循苟且。

雍正帝认为,他即位时官场"人心玩愒已久,百弊丛生,若不惩创,将来无所底止",意思就是说,官场上的官员工作不积极,贪图安逸,旷废时日,若不加以遏制,将来会越来越严重。因此他屡屡告诫臣下,不可"因循玩愒"。由于康熙帝主张"多一事不如少一事",这对于想要有所作为的雍正帝是一种阻碍。所以,雍正帝就把攻击自己"多事"的人斥为"浅见无知辈"。因着反对因循守旧,雍正帝便为此后进一步的改革举措扫清了舆论上的障碍。

第二,整顿吏治,以利民生。

雍正帝在一次给总督的上谕中说:"今之居官者,钓誉以为名,肥家以为实,而云名实兼收,不知所谓名实者果何谓也。"意思就是说,今天的官员,以沽名钓誉为名,以捞钱自肥为实,美其名曰"名实兼收",不知道这都是什么意思呢?

此话表明,在雍正帝改革之前,官场上是一派沽名钓誉、贪污腐化之风。对此,雍正帝实施了以下措施:

其一,表彰优秀官员。雍正帝赏识执法严格、雷厉风行、有开拓气魄且政绩显著的官员。如田文镜、李卫在河南、浙江清查钱粮做得好,雍正帝就赞其为"模范督抚"。

其二，革除劣官。除了表彰优秀官员，雍正帝对"姑息养奸""贪庸不肖"、因循贪婪的官员，则坚决予以革除。雍正初年，山西、湖南、浙江等省就革掉许多这样的官员。在湖南，州县官在一年之内就革除了三十多人，个别省甚至革除十分之九。清除劣官自然可以优化整顿官僚队伍。

其三，查清亏空。康熙末年财政亏空严重，雍正即位后进行了一场钱粮大清查。他组织了一个得力的领导班子，由康熙十三子怡亲王胤祥总理事务，皇舅隆科多、大学士白潢、尚书朱轼会同办理，在中央和地方上同时进行清查。对于清查不力的官员，则予以调查处理。

第三，反对朋党。

雍正帝从亲身体验中深知朋党的危害：朋党各行其是，破坏朝政统一，损害君主权威。朋党之间互相攻击、任用私人，不仅破坏正常的用人原则，也干扰了君主行使用人去人的权柄；朋党各抒政见，自我标榜，批评朝政，扰乱君主视听，妨碍坚持既定的政策。所以他说"朋党最为恶习"。因此，雍正帝对朋党问题予以了严厉的打击，甚至牵连到数百年前宋代的欧阳修，雍正认为欧阳修"君子有党、小人无朋"的说法，造成了后代的朋党之风，因此，如果欧阳修还活着，"朕必诛之，以正其惑世之罪"，可见其决心之大。

第四，设立军机处。

雍正帝即位之前，为了加强皇权，顺治帝恢复了明朝的内阁制度，康熙则成立了南书房，目的都是分散议政王大臣会议的权力，但是，这两项举措都没有从根本上解决问题。

雍正七年（1729 年），西北地区发生战争，为了避免内阁漏泄机密，雍正帝于是在隆宗门内设置军机房，选内阁中严谨、守密的官员任职，以处理紧急军务，辅佐皇帝处理政务。雍正十年（1732 年），改称"办理军机处"，简称"军机处"。

军机处的大臣由皇帝挑选，由内阁大臣兼任，他们直接听命于皇帝,跪受笔录,其活动都是在皇帝的监督之下,皇帝说什么,他们写什么。从此雍正帝就有了固定助手,可以及时处理政事,独掌大权,以至于权力的集中程度超过了明太祖。在历史上,雍正帝是真正集权力于一身,总理天下庶务。

军机处的设立是清代中枢机构的重大变革,标志着清代君主集权发展到了顶点。

第五,摊丁入亩。

上述四个方面,可以说都是政治方面的改革,而此处的摊丁入亩,则是经济方面的改革。

所谓"摊丁入亩",又名"摊丁入地""地丁合一",草创于明代,再次部分实施于康熙中晚期,雍正时全面实施。

在雍正改革之前,百姓需要缴纳"人头税",就是每个人民因自己的存在而要交税,也就是说,你只要是一个活着的人,就得因此交税。

"摊丁入亩"之后,就把丁银(即人头税)纳入田亩税中去,所以叫"摊丁入亩"。也就是你家有田地才缴税,没有田就不用缴税,这样便减轻了人民,特别是无地、少地人民的负担。

"摊丁入亩"的实施,结束了地、户、丁等赋役混乱的现象,使"人头税"并入到"财产税"之中,使西汉以来的人头税彻底成为了历史,在一定程度上减轻了百姓的负担;而由于征税的对象不再是人,而是土地,所以政府便放松了对户籍的控制,由此使得农民和手工业者可以自由迁徙、外出谋生,不仅解放了百姓,还推动了商品经济的发展。

第六,火耗归公。

雍正帝即位之前,清朝沿袭明朝制度,各地征收钱粮,加收"火耗"(碎银加火铸成银锭时的折耗,亦称耗羡)。实行时,官员往往任意加派,一两可加至数钱。因"火耗"不在上交正额之内,官员从中任意侵贪,成为官场公开的陋习。对此,康熙帝曾说:"清官也取火耗。"康熙末年,各地官员以火耗为名,肆意中饱私囊,已无法制止。

雍正帝即位后,山西巡抚诺敏与布政使高成龄在雍正二年(1724 年)

奏请将该省各地加派的火耗,用于补充官方财政的亏空,除公用外,分发给地方官员,称为"养廉"。对此,雍正帝指出:"历来火耗都是州、县征收而加派横征,侵蚀国帑不下数百万。原因是各州县征收火耗分送上司,种种馈送,名目繁多,州县肆意贪污,上司曲为容隐,这是从来的弊政,应当消除。"于是采纳山西官员的建议,说:"与其州县存火耗以养上司,不如上司拨火耗以养州县。"

州县养上司是公开的非法贿赂,上司拨州县便成为合法的"养廉",即官俸的补贴。此制首先在山西实行,此后各省相继仿效,以火耗补完亏空的钱粮,并分拨州县养廉。

这一改革形成的制度,就是"养廉银制度",又称"耗羡归公",即由上级官府依定额发给官员。此政实施以后,"火耗"一分为三:一份给地方官养廉,一份弥补地方亏空,一份留地方公用。这样,既增加了财政收入,又有助于廉政。

以上是雍正帝改革的六大主要方面,主要涉及政治和经济方面。除此之外,雍正帝在户籍制度和册立皇储方面也有改革措施。

比如,雍正帝取消了"贱民籍"。"贱民"指奴仆、娼优、隶卒、乐户、惰民、蛋(dàn)户(以船为家,以捕鱼为业,不能上岸居住的渔民)等。他们处在社会底层,不能与一般人为伍,不能读书,没有参加科举考试的权利。雍正帝即位之初,就相继取消了"乐户(官妓)"籍、"惰民"籍、"蛋户"籍等,使他们成为民户,恢复他们本应拥有的权利。这是雍正帝在人权方面的作为,促进了社会的公平。

此外,鉴于康熙帝在册立太子问题上的失败,雍正帝于雍正元年(1723 年)八月推行了秘密立储法——即皇帝在位时不公开宣布谁是太子,而将写有皇位继承人名单的一式两份诏书,分别置于乾清宫"正大光明"匾额后和皇帝身边,待皇帝驾崩后,由宣诏大臣共同拆启传位诏书,确立新君。这个办法使得皇位继承办法制度化,在很大程度上避免了皇子为了争权而相互斗争的局面。雍正之后,为后世所效法。

诚如所见,以上是雍正帝改革的一些功绩。然而,和历史上多数改革一样，雍正帝的改革（执政）也有其弊端，我们不妨也来看一下，以作参照。

首先是重农轻商。

雍正帝继续执行前代发展生产的政策。他像前代帝王一样鼓励开荒，从康熙六十一年（1722年）至雍正十二年（1734年），全国田地从七百三十五万顷增至八百九十万顷，且疏浚了卫河、淀河、子牙河、永定河等。其他水利工程已完成的还有直隶营田工程、浙江和江南海塘工程，并修建了黄河、运河堤岸等。此外，雍正帝继续免除钱粮政策。据《清史稿·世宗本纪》，他在位十三年，免了十二年灾区的赋税和一些地区的漕粮。

然而，雍正帝过分重农，导致抑商，他说"农为天下之本务，而工贾皆其末也"。所以不鼓励商业，从而抑制了商业的发展。他又认为开矿"断不可行"。因为开矿将引诱人们离开农本，追求"末业"，而且矿工往往聚集在一地，易于闹事。

其次是急于求成，手段过严。

雍正帝做事急于求成，正是因此，导致河南垦荒、四川清丈、陕西挖井、直隶营田等本意为利民的工程劳而无功，反而给百姓带来负担。雍正帝性情偏急，喜怒无常，手段过于严酷，造成了许多冤假错案。

还有文字狱的问题。

雍正帝执政时期，文字狱日益频繁，汪景祺因"谄附"年羹尧而被斩，查嗣庭因趋奉隆科多而被杀，陆生楠则因议论时政而丧命，最为轰动的是吕留良案。吕留良是清朝初期具有民族思想的学者，雍正时已去世四十年，后有曾静、张熙读吕氏之书，受其影响，竟去策反岳钟琪，要他反清复明，酿成大案。最终，吕留良被开棺戮尸，其儿子、学生处死刑。

雍正时期文化管制空前严厉，株连人众，处刑严酷。知识分子动辄遭刑，以致形成闭眼不敢看现实、缄口不敢谈政治的沉闷风气。

还有改土归流。

雍正帝即位后，在西南地区实行了"改土归流"的改革，即雍正四年，在西南地区取消了土司，改派可以随时任免的流官。"改土归流"对于减轻当地百姓的压迫和剥削有帮助，对清朝实施全国性的统治和国家的统一有重要意义，但清朝在推行"改土归流"时过度强调使用武力，对一些地区的反抗采取了残酷的武力镇压，给西南部分地区带来了灾难。

帝王陨落

雍正帝在位时期经营了圆明园宫苑，常居住于圆明园与大内两处。他青年时曾中暑，此后就害怕炎热，所以喜欢住在较为凉爽的圆明园，尤其是冬暖夏凉的九洲清宴、四宜书屋、万方安和等处。据《清史稿·清世宗实录》，雍正帝于雍正十三年（1735年）八月二十一日得病，"仍照常办事"，至二十三日子时就驾崩了。一代帝王就此辞世。

雍正帝去世后，根据他的秘密立储法，由皇四子宝亲王弘历，即后来的乾隆帝继位。雍正帝庙号世宗，谥号"敬天昌运建中表正文武英明宽仁信毅睿圣大孝至诚宪皇帝"，葬于清西陵的泰陵。

雍正帝在位十三年，一方面解决了康熙朝遗留下来的一些政治社会问题，一方面又为其后乾隆朝的发展奠定了坚实的基础。在执政过程中，可以说有功绩，也有过失。

著名史学家冯尔康如此评价雍正帝："雍正本人是有作为的、对中国历史发展作出贡献的君主，而雍正朝，上承康熙之治，下启乾隆之治，使康雍乾三朝持续发展，成为清朝的鼎盛时期。更有甚者，雍正立志清除历史上遗留下来的数百年积弊，所实行的摊丁入亩政策，成功解决中国古代历史上的人口税问题，是巨大创举。所实行的耗羡归公和养廉银政策，具有现代财政预算、财政管理的意义。在古代历史上，唐朝刘晏实行'两税法'，明朝张居正推行'一条鞭法'，很得人们的赞誉，雍正的经济政策，比之他们有过之而无不及。统观雍正的历史地位，他应当是古代历史上的杰出帝王。"

光绪

锐意改革竟动摇王朝根基

清朝最悲情的一位皇帝，是光绪帝。

傀儡皇帝

光绪帝，即清德宗，姓爱新觉罗，名载湉(tián)，清朝第十一位皇帝。清同治十年，即 1871 年，出生于北京什刹海。

同治十三年，即 1874 年，同治帝去世，其母慈禧太后为了把持朝政，立年仅三岁的载湉为帝。1875 年，改元"光绪"，慈禧太后与慈安太后共同辅政。慈禧的安排注定了载湉悲剧的一生。

光绪七年，即 1881 年，慈安太后去世。实权从此由慈禧太后一人把持。

光绪十五年，即 1889 年，光绪帝成婚。虽名义上亲政，但实权仍掌握在慈禧太后手中。

光绪帝不甘落寞，便拉拢翁同龢(hé)、汪名銮(luán)等亲信，结成"帝党"，与慈禧抗争。

战况对比

光绪二十年，即 1894 年，甲午中日战争爆发。战争最初以朝鲜为主战场，后蔓延至辽宁、山东等地，被西方称作"中日第一次战争"，最终以清朝的惨败而告终。

然而，甲午中日战争并非中日"第一次"战争。在三百年前的明朝万历年间，中日便在朝鲜进行过一次大战。而那一次，以明朝的完胜而告终。

我们不妨将这两次大战进行简单的对比，以便对清王朝当时的处境有所窥见。

万历朝鲜之役

战争背景：16 世纪 90 年代初，日本欲以朝鲜为登陆口侵略明朝。

朝鲜无力抵抗日军,向明朝求援。明神宗得知后,下令发兵朝鲜,向日本开战,前后共有两次。

1.第一次朝鲜之役。

战争时间:1592 年 4 月至 1593 年 7 月。

战争地点:朝鲜半岛、朝鲜海域。

参战三方:明朝、朝鲜、日本。

中方最高领袖:明神宗;朝方最高领袖:李氏;日方最高领袖:丰臣秀吉。

明朝投入兵力:3.4 万;朝鲜投入兵力:20 万;日本投入兵力:15.9万~22.5 万。

战争结果:

(1)中日议和,明朝退兵,朝鲜复国,日本占据朝鲜南部部分地区。

(2)明神宗册封丰臣秀吉为日本国王。

(3)丰臣秀吉表面称臣,心里不服。

日本人贼心不死,于四年后再次妄图占领朝鲜,侵略中国,遂有第二次朝鲜之役。

2.第二次朝鲜之役。

战争时间:1597 年 2 月至 1598 年 12 月。

战争地点:朝鲜半岛、朝鲜海域。

参战三方:明朝、朝鲜、日本。

中方最高领袖:明神宗;朝方最高领袖:李氏;日方最高领袖:丰臣秀吉。

明朝投入兵力:7.5 万;朝鲜投入兵力:22.1 万;日本投入兵力:14 万。

战争结果:

(1)中朝联军大败日军,日军狼狈逃窜。

(2)明朝成功打败了丰臣秀吉的野心,后者在战败后抑郁而终。

(3)朝鲜再度复国。

光绪甲午战争

战争背景:19世纪末,日本欲再次以朝鲜为跳板侵略清朝,朝鲜无力抵抗日军,向清朝求援。清廷得知后,光绪帝主战,而慈禧一派等主和。最终出战,发兵朝鲜,抗击日军。

战争地点:朝鲜半岛、中国辽宁、中国山东、黄海海域。

参战双方:清朝、日本。

中方最高领袖:光绪皇帝;日方最高领袖:明治天皇。

清朝投入兵力:63万;日本投入兵力:24万;清军死亡人数:3.15万;日军死亡人数:1.1万。

战争结果:

(1)清朝惨败。

(2)清朝号称世界第六强的北洋水师全军覆没。

(3)清朝同日本签署丧权辱国的《马关条约》,内容包括:

①清朝向日本赔款2.3亿两白银(相当于清政府两年半的财政收入)。

②清朝向日本割让辽东半岛、台湾岛及其附属岛屿、澎湖列岛(血淋淋地割地)。

③清朝允许日本在威海卫驻军,且承担其军队开支(赤裸裸地占领)。

④朝鲜从清朝的附属国变成了日本的殖民地(国际地位的骤降)。

⑤清朝给予日本许多特权,如开放通商口岸,为在华日本商人免税等(国格上的侮辱)。

现在我们粗略比较明朝的朝鲜之役与清朝的甲午战争,不难看出当时的清朝处在极为艰难的处境,国家极其衰弱,就是与当时世界二流国家日本相比也远不如。当时日本并不在列强之列。

清朝为什么如此衰弱呢?三百年前的明朝还能击溃日军、册封日本国王,为什么到了清朝,就反过来了呢?

这必须从清朝立国之初的一系列政策说起。

光绪的无奈

清朝虽然在政治制度上沿袭明朝,但具体情况又有诸多不同,所以在具体的政策上也有不少的改变。可以从五个方面说起。

1. 政治方面,满族人成为特权阶级。

清朝由满族建立。满族贵族在入主中原后,为了保障自身的利益,实行了一些与元朝类似的民族政策,比如:

其一,朝廷的高级官职只能由满族人担任,汉人无权染指,汉人更不能进入朝廷权力的中心。换句话说,满族人是绝对的统治者,汉人是被统治者。

其二,满族人要做官可以通过很多方式,如世袭、举荐等。换句话说,只要你有门路就可以做官。但汉人做官只能通过寒窗苦读、参加科举考试。

其三,满族人无须承担各种税赋和徭役。

其四,犯同样的罪,对满族人的判罚比汉人轻。

可见,清朝作为一个封建王朝,在政治上存在种种不平等的政策,这与"人人平等"的进步观念显然背道而驰。反观明朝末年,"人人平等"的观念已经在社会流传,可见清朝的统治是历史的退步。

2. 经济方面,进一步闭关锁国。

明朝虽然也实行过较长时间的海禁政策,但自 1566 年"隆庆开关"以来,随着海禁的解除,沿海地区的海外贸易蓬勃发展,中国与世界的交流也不断增多。明朝大科学家徐光启就是在沿海的广东结识了西方传教士,才得以进入西学的大门。

但清朝建立之后,由于统治者自满于天朝的地大物博,不屑与世界交流,关闭国门,无视世界的剧变。如果说康熙帝对海外贸易还有一定兴趣的话,那么他的继任者们显然再次走向了反面。

闭关自守的后果是严重的。不仅使中国在世界上的领先地位在一两百年内消失殆尽,还导致了自鸦片战争以来外交上的一系列惨剧,使中国逐渐成为西方列强瓜分欺侮的对象。

3. 至于经济上的退步，从美国学者弗兰克的研究中就可窥一斑。

弗兰克在他的《白银资本》中写道："在16世纪中期至17世纪中期（即明中期到明末）的百年间，由欧亚贸易流入中国的白银在7000～10000吨，约占当时世界白银总产量的1/3······不是欧洲而是中国占据了当时世界经济中心的地位。而清朝由于闭关锁国，在鸦片战争前的对外贸易远远低于明代。"

4. 文化方面，扼杀文明的大退步。

中国文化在明朝晚期得到了长足的发展，出现了王夫之、顾炎武、黄宗羲、徐光启等一大批新兴思想家。他们有着极为进步的观念，比如：

黄宗熙提出"天下为主，君为客"，意思是皇帝不是国家的主宰，万民才是国家的主人。这明显是一种民主思想。

王夫之则主张"预定奕世之规，置天子于有无之处"，意思是制定长久有效的法律，使皇帝成为可有可无的人。这是君主立宪的思想，就是说治理国家要依靠法制，而非皇帝的个人意志。

然而，清朝统治者为了维护统治，实行严格的文化专制政策。比如，顺治五年，清政府下达了这样一条命令——全国的府学、县学门前都要立一块碑，碑上刻有三大禁令：其一，生员不得言事；其二，不得立盟结社；其三，不得刊刻文字。如有违反者，杀无赦。

细推之，这三大禁令实际上就是对人民三大自由的剥夺，即言论自由、结社自由和出版自由。而这三大自由，正是近代文明社会所不懈追求的。由此可见，清政府的文化政策是反动、逆历史潮流的。

在这种政策下，文人百姓再不敢有什么奇思妙见，晚明以来思想文化蓬勃发展的局面当然也被无情地摧毁。中国与世界的差距从此不断拉大。

5. 科技方面，与文化一起衰落。

如前所述，在清朝以前，中国的科技水平一直领先世界。正如前文提到过的英国学者李约瑟所言："在公元前1世纪到公元16世纪，古代中国人在科学和技术方面的发达程度远远超过同时期的欧洲。"

而在明朝末年，中国的科技工作者更积极与西方交流。如徐光启一生致力于西学的翻译与推介，与西方传教士一起翻译合著了诸多科学著作，如《几何原本》《泰西水法》《崇祯历书》。在以徐光启为代表的明朝学者的努力下，明朝的科技水平终于没有落在欧洲之下。

对此，李约瑟说："明代的传统数学、天文学由于西学的到来而复兴。到1644年，中国的数学、天文学和物理学与欧洲已经没有显著的差异，它们完全融合，浑然一体了。"

然而到了清朝，情况发生了变化。

我们之前讲到，康熙帝是清朝最擅长西学的皇帝。可他学习西学只是为了自我炫耀。

康熙的继任者们则还不如他。不仅继续实行严酷的文字狱、继续实行愚民政策，就连他们自己对西学也没什么兴趣了，整天在"天朝上国"的大梦里自娱自乐。

在这种情况下，晚明以来西学东渐的风潮终止了。中国文人从此除了阅读维护封建秩序的古书外，再不能自由地思考与探索。《几何原本》被遗忘，徐光启没能译出的剩下九卷也无人再译。科学被打入了"冷宫"。

科学的发展是推动人类进步的重要原因之一。因此清朝抑制科学发展的政策显然也是反动的。

由此可见，清朝统治的反动由来已久。一个反动的政权，定然会走向衰弱。

因此，清朝的退步与衰弱并非光绪帝造成的，可现在却要让他来承担这退步与衰弱所造成的恶果。所以，从这个角度说，光绪帝虽然贵为皇帝，但实际上却是命运的奴隶。

不过，光绪帝作为一个有抱负的皇帝，并不想听任命运的宰割。他想要有所作为，使大清这艘逆风航行的巨轮，调转航向，赶上奔流向前的世界潮流。

"戊戌变法"

光绪帝的作为,是发动变法。

1898 年,即光绪二十四年,虽然光绪帝依然没能掌握实权,但慈禧作为大清的统治者,也希望国家可以强大,所以在慈禧的默许下,光绪帝发动了改革,史称"戊戌变法"。变法的建议和规划者是康有为。

变法的内容涉及政治、经济、教育、军事等多个方面。其中教育是改革的重点。

1.教育改革。

清朝历来实行愚民教育,这显然是现代文明国家所不能容忍的。因为人民乃是国家的根本,人民愚昧,则强国无望。所以要想振兴民族,首先就得从教育人民开始。所以教育改革成为"戊戌变法"的重点内容。主要有以下几个方面:

其一,广设学堂。包括开办京师大学堂,在全国普及小学、中学、大学等。其中京师大学堂就是今天北京大学的前身。

其二,中西并举。规定所有教育场所,包括书院、祠庙、义学及社学等,统统转型为兼习中学、西学的新式学堂。

其三,公费留学。即派遣留学生赴日本学习、参观、游历。

其四,鼓励私学。鼓励民间开办私立学校,以形成全民学习、自主学习的良好风气。

其五,其他。包括丰富学校种类、创新学习内容、奖励优秀人才等。

2.政治改革。

虽然继续承认清朝的统治,但政治改革也是刻不容缓的。

其一,政治趋于西化。包括制定宪法,实则实行法制;召开国会,实则打破专制;君民共治,实则实现人民当家作主。

其二,放弃满族陋习。包括满汉平等,即取消满族人的特权;断发易服,即剪掉辫子,脱掉满族服装。

其三,迁都上海。北京传统厚重,满族贵族势力盘踞;上海则包容开放,与世界接轨。迁都上海是为了尽可能摆脱束缚,提高改革效果。

其四，言论出版自由。包括鼓励人民向政府提建议、允许私人办报纸等。

其五，其他。包括淘汰冗官、平衡收支等。

3. 军事改革。

其一，开办军事学校。当时叫"武备大学堂"，是专门培养军事人才的地方。

其二，放弃满族传统。明朝军事已进入到火器时代。明、清战争的时候双方都是以火炮为武器。

然而，清朝稳定后，清政府采取抑制火器、鼓励骑射的政策，使清朝的军事近代化进程停止。所以晚清的军事力量还不如明朝，这是清朝被外国欺凌的原因之一。

"戊戌变法"则规定武备学校废除骑射的内容，改教西式枪炮。

其三，鼓励科技创新。不再把科技当作"奇技淫巧"。为了鼓励武器创新，设置"兴造枪炮特赏章程"。

其四，提高军人素质。

4. 经济改革。

康有为主张中国须以工商业立国，实乃对唐、宋部分国策的恢复。

其一，设立各种局。包括铁路矿务总局、农工商总局等，使各种事业有自己专门的管理机构，促进工商业发展。

其二，农业现代化。学习西方现代农业，并以农会、农报的形式使农业界人士互相学习。

其三，开办工厂，发展实业。发展工业，重视制造业。

其四，八旗子弟，自谋生计。自古认为经商为末业，所以当初清政府禁止八旗子弟（即满族贵族）经商，只让汉人经商。康有为则主张废除这一传统，并让他们学习谋生技能，自谋生路。

以上是"戊戌变法"的主要内容，通看前文，实为对清朝几大传统政策的颠覆与改良。

①政治方面，削弱了满族贵族的特权，鼓励平等、自由、民主、法制；

②经济方面，减轻了重农抑商的程度，鼓励工商业、农业现代化；

③文化方面，改变了愚民保守的政策，鼓励西学、开启民智；

④科技方面，扭转了打压抑制的方针，鼓励科技创新。

一位清朝皇帝，敢于改变祖宗法制，向先进文明看齐，完全值得我们敬佩！光绪帝的魄力足以和历史上任何一位伟大的改革家媲美！

那么，这样伟大的改革取得了什么样的效果呢？

身死国灭

答案是，改革只进行了一百零三天就停止了，所以，"戊戌变法"也被后人称作"百日维新"。

那么这是为何呢？

两千三百年以前，吴起在楚国变法，刚愎自用，得罪既得利益者，最后身死事败。

两千年前，王莽在西汉变法，不切实际，得罪既得利益者，最后身死国灭。

九百年前，王安石在北宋变法，伤害百姓，得罪既得利益者，最后落得事败名裂。

而光绪帝与康有为的"戊戌变法"，其失败的原因，也不外乎如此。

在改革者自身方面，光绪帝与康有为救国心切，急功近利，正如康有为的弟弟所言："伯兄规模太广，志气太锐，包揽太多，同志太孤，举行太大。当地排者、忌者、挤者、谤者盈衢塞巷，而上又无权，安能有成？"

而在被改革者方面，以慈禧太后为首的满族统治阶级感到自身利益受到了侵犯，所以强行熄灭了改革。在改革之前，慈禧太后因为明白改革可以强国，曾一度支持变法，然而，当她看到变法的内容过于颠覆，比如放弃满族传统，所以最终转变了态度，站在了改革的对立面上。在慈禧等满族贵族眼中，大清是大清，中国是中国，他们不在意中国的利益，只在意大清的兴亡。"戊戌变法"的诸多内容，如剪辫子、换服装、开国会、迁都上海等，都意味着对满族传统的否定，若实施下去，时间久了，必然导致中国兴而大清亡，所以他们必然不会同意。

1898年，即光绪二十四年的九月二十日，慈禧强行将光绪帝软禁，再次把持朝政。同日，慈禧宣布改革终止，并大肆捕杀改革派人士。其中，改革设计师康有为和梁启超已提前脱身，但其余的数十人皆被捕，史称"戊戌六君子"的谭嗣同、杨锐、林旭、刘光第、杨深秀、康有溥六人于 9 月 28 日被斩首于北京菜市口，为变法付出了生命的代价。

惨剧发生后，反动的清廷宣布诸多新政中只保留开办京师大学堂一项，其余皆废止。

至此，只维持了一百零三天的"戊戌变法"宣告失败。

被慈禧软禁后，光绪帝再未能掌控实权，于十年后在软禁中去世，享年三十八岁。光绪帝去世的次日，慈禧太后也离开了人世。

光绪帝出生在清朝衰落的道光年间，四岁即位后，无休止的国耻填满了他本应美好的童年。

成年后，他试图夺回权力，但始终逃不出傀儡的命运。

甲午中日战争后，他发动改革，欲救国家于水火，但终究敌不过反对派的力量。

光绪帝去世后，清廷再没能出现锐意进取的改革式人物，最终于1911 年灭亡在辛亥革命的浪潮之中。

光绪：锐意改革竟动摇王朝根基